本书为2020年国家社科基金重点项目
"公共危机中的风险沟通与效果评估研究"研究成果

（项目批准号：20AXW008）

暨南文库·新闻传播学 ❷

JINAN Series in Journalism & Communication

舆情传播与风险治理

汤景泰　编著

瞭望者 J

暨南大学出版社
JINAN UNIVERSITY PRESS

中国·广州

图书在版编目（CIP）数据

舆情传播与风险治理/汤景泰编著. —广州：暨南大学出版社，2021.6
（2023.9 重印）
（暨南文库. 新闻传播学）
ISBN 978 - 7 - 5668 - 3186 - 6

Ⅰ. ①舆… Ⅱ. ①汤… Ⅲ. ①互联网络—舆论—传播—风险管理—中国—文集 Ⅳ. ①G206. 2 - 53

中国版本图书馆 CIP 数据核字（2021）第 115354 号

舆情传播与风险治理

YUQING CHUANBO YU FENGXIAN ZHILI

编著者：汤景泰

出 版 人：张晋升
项目统筹：黄圣英
责任编辑：王莎莎
责任校对：刘舜怡　孙劭贤
责任印制：周一丹　郑玉婷

出版发行：暨南大学出版社（511443）
电　　话：总编室（8620）37332601
　　　　　营销部（8620）37332680　37332681　37332682　37332683
传　　真：（8620）37332660（办公室）　37332684（营销部）
网　　址：http：//www. jnupress. com
排　　版：广州尚文数码科技有限公司
印　　刷：深圳市新联美术印刷有限公司
开　　本：787mm×1092mm　1/16
印　　张：9
字　　数：161 千
版　　次：2021 年 6 月第 1 版
印　　次：2023 年 9 月第 2 次
定　　价：49. 80 元

总　序

·····

　　如果从口语传播追溯起，新闻传播的历史至少与人类的历史一样久远。古人"尝恨天下无书以广新闻"，这大约是中国新闻传播活动走向制度化的一次比较早的觉醒。

　　消息、传闻、故事、新闻、报道，乃至愈来愈切近的信息、传播、大数据，它们或者与人们的生活特别相关、比较相关、不那么相关、一点也不相干，或者被视为一道道桥上的风景、一缕缕窗边的闲情抑或一粒粒天际的尘埃，转眼消失在风里。微观地看，除了极少数的场景外，新闻多一点还是少一点，未必会造成实质性的差别；本质地看，人类作为社会性的动物，莫不以社会交往，包括新闻传播的存在和丰富化为前提。

　　这也恰好是新闻传播生存样态的一种写照——人人心中有，大多笔下无。它的作用机制和内在规律究竟为何，它的边界究竟如何界定，每每人见人殊。要而言之，新闻传播学界其实永远不乏至为坚定、至为执着的务求寻根问底的一群人。

　　因此人们经常欣喜于新闻传播学啼声的清脆、交流的隽永，以及辩驳诘难的偶尔露峥嵘。重要的也许不是发现本身，而是有越来越多的研究者参与其中，或披荆斩棘，或整理修葺。走的人多了，便有了豁然开朗。倘若去粗取精，总会雁过留声；倘若去伪存真，总会人过留名。

　　走的人多了，我们就要成为真正的学术共同体，不囿于门户之见，又不息于学术的竞争。走的人多了，我们也要不避于小心地求证、深邃地思考，学而不思则罔。走的人多了，我们还要努力站在前人、今人的肩膀上，站得更高一些，看得更远一些。

　　这里的"我们"，所指的首先是暨南大学的新闻传播学人。自 1946 年起，创系先贤、中国第一位新闻学博士、毕业于德国慕尼黑大学的冯列山先生，以及上海《新闻报》总经理詹文浒先生等以启山林，至今弦歌不辍。求学问道的同好相互砥砺，相互激发，始有本文库的问世。

"我们"，也是沧海之一粟。小我终究要融入大我，我们的心血结晶不仅要接受全国同一学科学术共同体的检验，还要接受来自新闻、视听、广告、舆情、公共传播、跨文化传播等领域的更多读者的批评。重要的不完全是结果，更多的是过程。在这一过程中我们特别关注以下剖面：

第一，特定经验与全球视野的结合。文库的选题有时是从一斑窥起，主要目标仍然是研究中国全豹，当然，我们也偶或关注印度豹、非洲豹和美洲豹。在全球化时代，我们的研究总体会自觉不自觉地增添一些国际元素。

第二，理论思辨与贴近现实的结合。犹太谚语云"人类一思考，上帝就发笑"，或许指的是人力有时而穷，另外一种解释是万一我们脱离现实太远，也有可能会堕入五里雾中。理论联系实际，不仅是哲学的或革命的词句，也是科学的进路。

第三，新闻传播与科学技术的结合。作为一个极具公共性的学术领域，新闻传播的工具属于拿来主义的为多。而今，更是越来越频繁地跨界，直指5G、云计算、人工智能等自然科学的地盘。虽然并非试图攻城拔寨，但是新兴媒体始终是交叉学科的前沿地带之一。

归根结底，伟大的时代是投鞭击鼓的出卷人，我们是新闻传播学某一个年级某一个班级的以勤补拙的答卷人，广大的同行们、读者们是挑剔犀利的阅卷人。我们期望更多的人加入我们，我们期望为知识的积累和进步贡献绵薄的力量，我们期望不辜负于这一前所未有的气势磅礴的新时代！

编委会
2019 年 12 月

目录
contents

舆情传播与风险治理

传播生态篇

······

政治逻辑、技术逻辑与市场逻辑

——论习近平总书记关于媒体融合发展的重要论述

林如鹏　汤景泰

推动传统媒体和新兴媒体融合发展，是党中央着眼巩固宣传思想文化阵地、壮大主流思想舆论做出的重大战略部署。在 2013 年党的十八届三中全会上，"推动传统媒体与新兴媒体融合发展"被写入了《中共中央关于全面深化改革若干重大问题的决定》。2014 年 8 月 18 日，习近平总书记在北京主持召开了中央全面深化改革领导小组第四次会议，通过了《关于推动传统媒体和新兴媒体融合发展的指导意见》。

推动媒体融合发展是习近平总书记关于媒体创新思想的新发展。一直以来，他高度重视媒体创新报道。早在 2004 年，习近平在《努力提高新闻质量和水平》一文中就指出：新闻媒体要"坚持贴近实际、贴近生活、贴近群众……要更多地采用群众喜闻乐见的形式，不断增强新闻宣传的生动性、可看性，努力提高新闻宣传的质量和水平"[①]。2006 年 1 月，习近平在看望人民日报社和新华社驻浙江编辑记者时的谈话中又强调："新闻宣传是否善于创新，是否能够做到常做常新，是其发展壮大、保持强大生命力的关键。"[②]

2013 年 8 月 19 日，习近平总书记在全国宣传思想工作会议上首次公开提到了关于媒体融合的想法与概念。他说："要适应社会信息化持续推进的新情况，加快传统媒体和新兴媒体融合发展，充分运用新技术新应用创新媒体传播方式，占领信息传播制高点。"[③] 此后，习近平总书记在中央全面深化改革领导小组第

[①] 习近平：《努力提高新闻质量和水平》，《之江新语》，杭州：浙江人民出版社，2007 年，第 55 – 57 页。

[②] 习近平：《干在实处　走在前列——推进浙江新发展的思考与实践》，北京：中共中央党校出版社，2006 年，第 311 页。

[③] 《关于媒体融合，总书记这样说》，新华网，http://news.xinhuanet.com/politics/2016 – 02/20/c_128736695.htm，2016 年 2 月 20 日。

四次会议上，在调研解放军报、人民日报、新华社、中央电视台等中央主要媒体的过程中，在党的新闻舆论工作座谈会上等多个场合，均对媒体融合发展做了重要指示。通观习近平总书记关于媒体融合发展的系列重要讲话，可以说深刻阐述了媒体融合发展的总体要求、目标任务、工作理念和实现路径，从政治逻辑、技术逻辑与市场逻辑等维度对媒体融合发展问题做了辩证剖析，体现了中国共产党对新闻传播规律和新兴媒体发展规律的深刻把握，表明了中国共产党主动适应媒体发展趋势和应对时代挑战的高度自觉。

一、媒体融合发展事关意识形态工作

习近平总书记深刻指出，能否做好意识形态工作，事关党的前途命运，事关国家长治久安，事关民族凝聚力和向心力。在 2013 年全国宣传思想工作会议上，他提醒说："如果我们党过不了互联网和新兴媒体这一关，可能就过不了长期执政这一关。"[1] 在 2016 年新闻舆论工作座谈会上，他又强调指出，要主动借助新媒体传播优势，完善运用体制机制，打通并用好同群众信息交流的新渠道。[2] 可以说，媒体融合发展，正是一场事关我们党能否牢牢掌握意识形态工作主动权和话语权的重大而深刻的变革。由此也说明，习近平总书记推动媒体融合发展的思想主要遵循政治逻辑来展开。所谓政治逻辑，意指认识媒体融合发展不能只是从业务问题维度来认识，更重要的是从政治价值的维度高度重视媒体融合发展战略，并以能否有利于掌握意识形态话语权、壮大主流思想舆论作为媒体融合发展效果的根本标准。

（一）媒体融合发展事关意识形态工作主动权和话语权

1. 推动媒体融合发展，是掌握舆论主导权、占领传播制高点的必由之路

从舆论生态变化看，由于全球化浪潮与中国社会转型，中国的舆论场域本已聚集了相当复杂的利益群体。而随着移动宽带互联网的发展，基于地理位置、App 应用等形成的社会群体分化更加复杂。再加上微博、微信等社交工具的快

---

① 杨振武：《把握好政治家办报的时代要求——深入学习贯彻习近平同志在党的新闻舆论工作座谈会上的重要讲话精神》，《人民日报》，2016 年 3 月 21 日。

② 张义珍：《切实增强五个意识大力推动人社宣传工作创新发展》，《中国组织人事报》，2016 年 4 月 6 日。

速推广，各类新闻客户端的普遍应用，使得网民成为各类互联网应用工具主导下的一个专门化群体。这种社交形态和信息获取特征，显著强化了互联网用户的群体化特征。不仅如此，因互联网的赋权，这些多元化的主体迅速具有了强烈的参与意识，特别是在广受关注的突发事件中，围绕议程设置主导权形成了激烈的竞争态势，传统媒体的舆论引导能力面临严峻挑战。从意识形态领域看，互联网已经成为舆论斗争的主战场，直接关系我国意识形态安全和政权安全。可以说，传统媒体已经到了一个革新图存的重要关口。

鉴于这种严峻形势，2013 年 8 月 19 日，习近平总书记在全国宣传思想工作会议上说："根据形势发展需要，我看要把网上舆论工作作为宣传思想工作的重中之重来抓。宣传思想工作是做人的工作的，人在哪儿重点就应该在哪儿。很多人特别是年轻人基本不看传统媒体，大部分信息都从网上获取。必须正视这个事实，加大力量投入，尽快掌握这个舆论战场上的主动权，不能被边缘化了。"① 这一论断反映了总书记对当下媒介生态与舆论生态的清醒认识。

2. 推动媒体融合发展，是加强国际传播能力建设的必由之路

作为一个谋求更大发展的国家，中国需要进一步加强同世界的联系和沟通，争取较好的外部环境，塑造良好的国家形象。这些也要求中国新闻传媒及时、有效地对各种国内外的重要事件做出反应，在对国际性重大事件的报道中发出中国的声音，尽可能争取国际传播话语权。新的世界媒体格局为广大发展中国家的传媒业改变以往落后状况，实现跨越式发展提供了难得的历史机遇。"世界传媒业的发展历程说明，媒体格局的变化是技术、市场和制度合力作用的结果。是以数字技术为代表的现代传播技术为传媒市场的扩展提供了物质手段；传媒市场的需求又是催生传播技术更新发展的原动力；而相应的制度安排则是保证技术和市场发挥作用，取得效果的必要条件。"② 基于这一规律，如何利用新媒体的力量，加强我国的国际传播能力建设就成为一项重要而紧迫的战略任务。2013 年 12 月 30 日，习近平总书记在中共中央政治局第十二次集体学习时强调，提高国家文化软实力，要努力提高国际话语权。要加强国际传播能力建设，精心构建对外话语体系，发挥好新兴媒体作用，增强对外话语的创造力、感召力、

---

① 南隽：《把握传媒变革趋势 积极占领新兴舆论阵地》，《中国记者》2016 年第 6 期，第 39 - 41 页。

② 郑保卫、姜秀珍：《后危机时代世界媒体格局变化与中国新闻传播策略》，《现代传播（中国传媒大学学报）》2011 年第 10 期，第 32 - 36 页。

公信力，讲好中国故事，传播好中国声音，阐释好中国特色。

3. 推动媒体融合发展，是传统媒体在数字革命冲击下提升整体实力和核心竞争力的必由之路

主流媒体的核心竞争力直接影响媒体的社会效益和经济效益，不具备这种能力或这种能力相对较弱的媒体，在竞争中就居于劣势，就会失去受众，经济效益和社会效益的实现也就无从谈起。随着媒体竞争日趋激烈，培育和保持我国传统主流媒体的核心竞争力具有重要的现实意义。当前，网络和数字技术裂变式发展，带来了媒体格局的深刻调整。新闻信息产品的内容和结构、传播终端的形态和功能、受众的心理和习惯，都在发生革命性变化。用户接受信息的渠道和数量都变得空前丰富，一般性资讯已经告别稀缺，内容的重心开始从生产向消费转移。以前是"媒体传播、受众接受"，内容生产者占主导地位，而现在整体形势逐渐转变为"用户选择、媒体提供"，内容消费者开始占主导地位。在这种背景下，传统媒体的受众规模不断缩小，生存空间被挤压，广告份额逐渐下降，有的甚至沦为微博、微信的"印刷体"。对于处境两难的传统媒体而言，"积极转型、加速融合"的革新已是势在必行。

（二）着眼巩固宣传思想文化阵地、壮大主流思想舆论，推动媒体融合发展

"不谋全局者不足谋一域，不谋万世者不足谋一时。"胸怀大局、把握大势、着眼大事，找准工作切入点和着力点，做到因势而谋、应势而动、顺势而为，这是指导我们推进媒体融合发展的重要指引。观大势、谋大事，就是要根据舆论生态的变化，着眼巩固宣传思想文化阵地、壮大主流思想舆论，推动媒体融合发展。

1. 着眼巩固宣传思想文化阵地，推动媒体融合发展

主流舆论在哪里，当下媒介变革的路就应该通向哪里。各类新媒体已经成为社会生活中表达民意、畅通民情、汇聚民智的重要渠道，因此要善于运用全媒体多样化的传播平台，用好微博、微信、微视、微电影、手机客户端等载体及分众化平台，丰富传播形态和传播样式，巩固宣传思想文化的新媒体阵地，构建宣传思想文化工作的"微时代"，扩大宣传思想文化工作的覆盖面。

为应对全球传媒格局发生的深刻变化，中央主要媒体作为主流舆论的中坚，是媒体融合发展的排头兵。在推进媒体融合发展过程中，要以中央主要媒体为龙头，以重点项目为抓手，坚持传统媒体与新兴媒体优势互补、一体发展，把主流媒体内容权威优势和新兴媒体传播平台优势结合起来，打造形态多样、手段先进、具有国际竞争力的新型主流媒体和新型主流媒体集团，切实提高党的新闻舆论传播力、引导力、影响力、公信力。

巩固和壮大宣传舆论阵地，这是党的新闻工作者的职责所在。如果面对新形势、新挑战无计可施、束手无策，甚至守不住、丢阵地，那就是失职。面对新的舆论环境，必须坚持守土有责、守土负责、守土尽责，以变应变，在创新中掌握主动权、主导权。习近平总书记反复强调："现在，媒体格局、舆论生态、受众对象、传播技术都在发生深刻变化，特别是互联网正在媒体领域催发一场前所未有的变革。读者在哪里，受众在哪里，宣传报道的触角就要伸向哪里，宣传思想工作的着力点和落脚点就要放在哪里。"①

2. 着眼壮大主流思想舆论，推动媒体融合发展

中国的发展进步，离不开积极向上的思想动力；中华民族的伟大复兴，更需要凝聚全国人民的奋进力量。在全面建成小康社会、实现中国梦的新航程上，需要以媒体融合的新形式，唱响时代主旋律，提振全社会的精气神，汇聚起推动改革发展的强大正能量。特别是要通过重头报道、品论评论、系列访谈等形式，以多媒体、多终端、多语种和全时段、全方位、全领域，深入宣讲习近平总书记关于改革发展稳定、内政外交国防、治党治国治军等各领域各方面的基本观点和科学内涵，深入宣传阐释"四个全面"战略布局，深化中国特色社会主义和"中国梦"学习宣传教育，深入开展爱国主义教育、群众性精神文明创建、学雷锋志愿服务、推进诚信建设制度化等实践活动，引导人们自觉践行社会主义核心价值观。近年来，如"感动中国""大国工匠""全国道德模范""全国优秀县委书记"表彰及"寻找最美乡村教师"等一系列的"暖新闻"在网络上的影响力大幅增加，体制内媒体微博和政务微博及时主动发声，一些互联网企业的法治意识、社会责任意识也在不断增强。网上网下"同频共振"，极大地激发了网络舆论积极向善的"正能量"。

推动媒体融合发展，壮大主流思想舆论，要让网络空间清朗起来。习近平总书记强调："要创新改进网上宣传，运用网络传播规律，弘扬主旋律，激发正能量，大力培育和践行社会主义核心价值观，把握好网上舆论引导的时、度、

---

① 《习近平的新闻舆论观》，《人民日报（海外版）》，2016 年 6 月 25 日。

效，使网络空间清朗起来。"① 依法治理网络空间，要严厉打击网络谣言、网络诈骗、电信骚扰、网络黄赌毒等低俗内容与暴戾之气，维护公民合法权益。

习近平总书记在全国宣传思想工作会议讲话中强调指出，宣传思想工作的环境、对象、范围、方式发生了很大变化，但宣传思想工作的根本任务没有变，也不能变。"宣传思想工作就是要巩固马克思主义在意识形态领域的指导地位，巩固全党全国人民团结奋斗的共同思想基础。"② 这是中国共产党从坚持和发展中国特色社会主义的战略全局出发，对宣传思想文化工作根本任务最集中最鲜明的概括。"两个巩固"的根本任务，为我们在新的历史起点上开创媒体融合发展的新局面，确定了原则、指明了方向。

二、融合发展关键在融为一体、合而为一

总的来说，媒体融合发展的趋势越来越清楚，但在实际工作中还存在一些滞后认识和观念偏差。有的满足现状，患得患失，担心打破原有格局，认为融合发展多此一举、没有必要，不搞融合发展也还能活；有的存在畏难情绪和惰性心理，对融合发展缺乏信心，不愿试不愿闯，坐等给政策、给资金、给项目；还有的存在惯性思维，用办传统媒体的方法来对待融合发展，拿出的方案、提出的措施往往不对路。这些问题和现象的根源，就在于没有更新观念，没有跳出传统媒体的本位和思维，没有认清互联网技术发展的趋势。

从媒体技术逻辑的演进来看，在一种新媒体技术发展初期，人们总是习惯于运用传统媒体养成的观念与方式来对它加以利用，但随着对新媒体技术特性与本质认识的加深，最终会在融合传统信息内容的基础上创造出全新的信息内容载体与平台，并因而形成新的新闻生产模式与机制。正是基于这种技术发展逻辑，习近平总书记在 2016 年新闻舆论工作座谈会上指出，从总体来看，媒体的发展还很不平衡，有的是"＋互联网"，而不是"互联网＋"，只是将传统媒体和新兴媒体做了简单的嫁接，没有实现融合发展。融合发展关键在融为一体、

---

① 中共中央文献研究室编：《习近平关于全面深化改革论述摘编》，北京：中央文献出版社，2014 年，第 86 页。

② 雒树刚：《牢牢把握"两个巩固"根本任务　扎实推进宣传思想文化工作——深入学习贯彻习近平同志在全国宣传思想工作会议上的重要讲话精神》，《人民日报》，2013 年 9 月 9 日。

合而为一。要尽快从相"加"阶段迈向相"融"阶段，从"你是你、我是我"变成"你中有我、我中有你"，进而变成"你就是我、我就是你"，着力打造一批新型主流媒体。①

（一）树立一体化发展观念，变成"你就是我、我就是你"

一体化发展，是媒体融合的内在要求和基本方向。传统媒体和新兴媒体可能不是一个简单的此消彼长的关系，而是在一定条件下，比如在融合发展的条件下此长彼长的态势。传统媒体和新兴媒体的关系，大体经历了三个阶段：一是传统媒体建设新兴媒体，二是传统媒体和新兴媒体互动发展，三是传统媒体和新兴媒体融合发展。现在正进入第三个阶段。近年来，传统媒体都在积极发展新媒体业务，办了新闻网站、开了法人微博、建了客户端，实现了互动发展，取得了较好的效果。例如，在全国"两会"宣传报道中，中央主要媒体加强互动融合，通过网站、微博、微信、客户端等，立体化、互动式、全天候传播"两会"信息，发出主流声音，成为融合发展的一次大探索。但总体来看，多数传统媒体业务与新兴媒体业务还是并行的，整体优势没有充分发挥出来。我们要树立传统媒体和新兴媒体一体化发展的理念，实现各种媒介资源、生产要素的有效整合，实现信息内容、技术应用、平台终端、人才队伍的共享融通，形成一体化的组织结构、传播体系和管理体制，做到"你中有我、我中有你"。

（二）强化互联网思维，从相加走向相融

互联网思维是在（移动）"互联网＋"、大数据、云计算等科技不断发展的背景下，对市场、用户、产品、企业价值链乃至对整个商业生态进行重新审视的思考方式。尽管其定义至今众说纷纭，但其基本旨归在于生产力决定生产关系，互联网技术特征在一定程度上也会影响到其在商业层面的逻辑，因而不能僵化地用传统思维习惯去运营基于互联网的产品。推动媒体融合发展，很重要的一点就是要充分运用网络技术手段去改造传统媒体，这就要求我们必须用全新的互联网思维来谋划和推进各项工作。在业界，用传统媒体思维指导新兴媒体生产的现象仍然相当普遍。用办报纸的思维办网站，称为"报网互动"；用

---

① 习近平：《共同为改革想招 一起为改革发力》，中国共产党新闻网，http://cpc. people. com. cn/n/2014/0818/c64094－25489502. html，2014 年 8 月 18 日。

办电台、电视台的方法办网站，称为"台网互动"。因此，在媒体融合的"幌子"下形成了"一鸡四吃"的模式：一条文字新闻＋一段视频＋一段音频＋一些图片，"全媒体新闻""全能记者"的说法也应运而生。但整个新闻生产的流程走完，形式虽然丰富，新闻的核心信息量却并没有增加，即出现了"1＋1＋1＋1＝1"的现象，这种方式"做到的只是叠加新闻，而非融合新闻"①。

因此，要适应新兴媒体平等交流、互动传播的特点，树立用户观念，改变过去媒体单向传播、受众被动接受的方式，注重用户体验，满足多样化、个性化的信息需求。要适应新兴媒体即时传播、海量传播的特点，树立抢占先机的意识，高度重视首创首发首播，充分挖掘和整合信息资源，在信息传播中占据主动、赢得优势。要适应新兴媒体充分开放、充分竞争的特点，树立全球视野，强化市场观念，提高市场营销和产品推介能力，做大做强自身品牌。

（三）增强借力发展意识，参与进去，深入进去，运用起来

渠道制胜，是媒体融合发展过程中众多媒体达成的共识。随着新媒体的不断涌现，全媒体自然成为传统媒体控制渠道、拓展影响力的普遍性战略选择。推动媒体融合发展，要加强自主建设，提高技术研发创新能力。但在互联网飞速发展、新技术新应用层出不穷的今天，融合发展所需要的技术都靠自己研发是不可能的，也没有必要。要打破小而全、大而全的观念，能用社会的、别人的技术要尽量用，不能关起门来搞融合，什么都自己来建。要通过多种形式，充分利用别人成熟的技术、平台、渠道、手段等借力推进。因此，布局新媒体，既要"造船出海"，打造各类新媒体客户端；也应该"借船出海"，在社交平台上安营扎寨，打造较为齐备的全媒体传播渠道，实现更好更快发展。

（四）改善对新媒体的管理

对新媒体，要建立健全舆情收集反馈机制，加强内容监管，做好分析研判，有针对性地研究解决问题的措施，及时清理网络谣言和各类有害信息。要引导新媒体加强行业自律，自觉落实主体责任。要教育引导广大网民遵守互联网秩序，共同营造风清气正的网络环境。

---

① 李良荣、周宽玮：《媒体融合：老套路和新探索》，《新闻记者》2014年第8期，第16－20页。

强化互联网思维与一体化发展理念，加强借力发展意识和改善对新媒体的管理，目的是通过理念的革新来推动各种媒介资源、生产要素有效整合，推动信息内容、技术应用、平台终端、人才队伍共享融通。

三、坚持以先进技术为支撑、内容建设为根本，推动深度融合

推动传统媒体与新兴媒体的融合发展是一个系统工程。在市场经济的大环境下，要想真正推动媒体融合发展，壮大主流舆论阵地，需要遵从市场逻辑，让市场成为传媒转型资源配置的重要手段，并且最终要接受市场的检验。因此，习近平总书记指出，应"坚持先进技术为支撑、内容建设为根本，推动传统媒体和新兴媒体在内容、渠道、平台、经营、管理等方面的深度融合"①。这就需要在深入把握媒体技术、新闻内容与信息生产机制等复杂关系的基础上，进一步增强媒体内容信息的核心竞争力，不断拓展内容的深度、广度，在品质上追求权威、传播上注重快捷精简、服务上注重分众化和互动化、展示上实现多媒体化，通过优质内容吸引流量，赢得发展优势，有力推动传统媒体和新兴媒体的深度融合发展。

（一）以新技术新应用为支撑，引领和推动媒体融合发展

科学技术是第一生产力。现代科技的加速发展，推动新闻传播从"铅与火""光与电"，走到了"数与网"。新兴媒体诞生和发展的过程，实际上就是网络技术和信息内容相互结合与发展的过程。技术与内容互为支撑、相互融合，是一体之两翼、驱动之双轮，共同构成核心竞争力。融合发展要实现突破，关键是顺应互联网传播移动化、社交化、视频化的趋势，我们要把当今可用的技术都囊括到我们的视野中来，进入我们的项目设计，用最好的技术，达到最高的水准，取得融合发展的最佳效果。

1. 利用大数据和云计算技术推进新闻生产

大数据和云计算是当前具有代表性的两种新技术，这两种技术的发展和运用深刻影响着社会生产生活，为创新新闻生产开辟了广阔空间。在媒体融合发

---

① 习近平：《加快实施创新驱动发展战略》，中国共产党新闻网，http://cpc. people. com. cn/n/2014/0818/c64094 - 25489716. html，2014 年 8 月 18 日。

展过程中，我们要重视和用好这两种技术，优化媒体内容制作、存储、分发流程，提升数据处理能力，为内容生产和传播提供强大支撑。运用大数据和云计算技术，首先要掌握海量的数据资源。经过几十年的发展，新闻媒体积累了丰富的数据资源，这是我们的宝贵财富。要把这些优势资源整合起来，建设和完善专业化、规模化、现代化的内容数据库，同时加强对各方面数据的收集整理，不断夯实融合发展的信息资源基础。要加强数据新闻生产，充分挖掘大数据背后潜藏的新闻价值，拓宽新闻来源、丰富新闻内容，为用户提供高质量的新闻信息产品。

目前，早有传统媒体嗅到了大数据时代的挑战与机遇，并在数据新闻方面探索出了不少亮点。例如，人民日报社自 2002 年开建的人民数据库，目前包括六大子库、30 余个栏目，共 150 余万篇文章、近 30 万张图片、150 段视频，堪称国内最大的党政时政权威数据平台。2014 年初，央视新闻调用百度大数据，接连推出《据说春运》《据说春节》特别节目，运用数据可视化技术播报新闻。这些颇具创新性的实践，赢得了学界、业界与观众的一致好评。

2. 利用移动互联技术实现"弯道超车"

现在，移动互联网发展得很快，智能手机、平板电脑等移动终端已成为人们上网获取信息的最主要手段。有人说，未来的世界是移动互联的世界。近几年，国外很多大型传媒机构都在向移动互联网布局，但总体来说，大家起步的时间差不多、相互的差距并不大，我们在移动互联网上多下功夫，就很可能实现"弯道超车"。从目前来看，客户端是访问移动互联网的主要入口，也是比较成熟的技术应用，很多媒体都开发了移动客户端，要办出特色、办出影响。要加强手机网站建设，丰富信息内容，完善服务功能，着力打造移动互联网上的新闻门户。同时，积极利用移动通信技术平台，办好手机报，促进其规范有序发展。商业网站在移动客户端、手机浏览器、应用商店等方面技术比较成熟，要积极关注、善加利用，借助它们的技术和平台，扩大在移动终端的覆盖面和影响力。

3. 利用微博、微信技术拓宽社会化传播渠道

互联网社交类应用日益普及，社交网站已成为互联网新业务的服务入口和用户来源。2013 年底，月球车"玉兔"微博在网上亮相，用拟人化的口吻播报探月计划，并用网络语言与网友互动，吸引和感动了很多人。推动媒体融合发展，要密切关注并有选择地发展社交类应用和技术，促进社交平台与新闻传播

平台有效对接，增强平台黏性，集聚更多的忠实用户。要借助商业网站的微博、微信等技术平台，建好法人账号，扩大用户规模，提升传播效果。

在移动互联网应用和微博、微信应用方面，人民日报社正在积极探索。据《人民日报》消息，截至 2015 年 12 月 7 日 12 时，人民日报客户端累计下载量为 10 073 万，加上"海客""环球 TIME"等，客户端下载总量超过 1.1 亿。人民日报客户端于 2014 年 6 月 12 日正式上线，以"一流内容、一流的用户体验"为目标，努力向用户提供权威、准确、丰富、多样的新闻信息，并通过产品迭代，不断优化产品设计，用户数持续攀升，已逐步成为移动互联网上的主流新闻门户。据权威机构发布的数据，人民日报客户端累计下载量已进入国内新闻类客户端前十位。此外，截至 2015 年底，人民日报社拥有"人民日报""人民网""国家人文历史""学习小组""健康时报""这里是美国""侠客岛""人民论坛网""学习微平台""人民日报评论"等 124 个微信公众号，用户数突破 1 300 万。其中特别值得一提的是《人民日报（海外版）》旗下微信公众号"侠客岛"，从一个自发形成的年轻人内部创业项目，变成了一个现象和品牌。"侠客岛"从微信公众号起步，现已在微信公众号、微博、今日头条客户端、网络专栏等平台上拥有一批年轻化、高活跃度并对"侠客岛"品牌高度认同和信任的粉丝，每篇文章综合阅读量超过 200 万。"侠客岛"的文章在"第一舆论阵地"频繁出现，成为海内外舆论界关注的焦点。依托旗下产品的优异表现，《人民日报》在媒体融合发展中表现优异，可谓有新闻的地方就有《人民日报》，有用户的地方就有《人民日报》。

4. 把核心技术掌握在自己手中

"把核心技术掌握在自己手中"，这是习近平总书记的谆谆告诫。新媒体领域就是一个无形的竞技场，核心技术如果不在自己手里，随时会有不测之危。在这个方面，新华社做出了榜样。作为国家通讯社自主掌控的新媒体传播平台，"新华社发布"党政客户端集群在内容上实行分级发布管控，确保风险可控，效果可期，并按照"移动化、可视化、智能化"的目标，不断提升用户体验，真正成为地方党委政府开展移动政务的新媒体载体和各地群众便捷获取信息服务的新媒体平台。

不可忽略的是，信息网络技术发展日新月异，更新换代的周期越来越短，比如 4G 技术已经普遍应用，可折叠电子纸、可穿戴设备、5G 技术、VR 技术等呼之欲出，这将会带来信息传播新的变革。我们必须紧盯技术前沿，瞄准发展趋势，不断以新技术新应用引领和推动媒体融合发展。

（二）以内容建设为根本，增强核心竞争力

对于新闻媒体来说，内容永远是根本，是决定其生存与发展的关键所在。以报纸为例，"报纸"分为两个部分，一个是"报"，一个是"纸"。"报"是传播的内容，融合发展就是为了使"报"适应和运用新的技术、新的方式，更好地加以生产和传播。"纸"是传播的载体，是物质的、技术的，现在就是要用新的技术来换旧的技术，用互联网技术、电子技术来换"纸"。可以说，"报"是核心，"纸"是为"报"服务的。正因如此，2015 年 12 月 25 日，在视察解放军报社时，习近平总书记强调说："对新闻媒体来说，内容创新、形式创新、手段创新都重要，但内容创新是根本的。"[①] 推动媒体融合发展，在强调技术引领和驱动的同时，必须始终坚持"内容为王"，把内容建设摆在十分突出的位置，以内容优势赢得发展优势。

1. 坚持内容为王，要在品质上追求导向正确、专业权威

新闻媒体处于意识形态工作的前沿阵地，必须把导向作为内容建设的根本和灵魂。中央和地方主流媒体在融合发展的过程中，面对社会思想多元化的复杂形势，坚持正确导向，把核心价值观作为内容建设的底色和基调，在众声喧哗中凸显主流价值，有效引导舆论方向。如《人民日报》把正确引导舆论作为最重要的任务，提出判断新媒体上的稿子写得好不好，首先不是看文字有多漂亮，而是看导向是否正确，是否符合中央精神，是否符合社会主义核心价值观，以及是否有利于弘扬主旋律、传播正能量。2015 年 4 月以来，针对网络上质疑、诋毁英雄的不良现象，《人民日报》在报纸、网站和客户端等渠道推出《抹黑英雄恶搞历史成网络公害》《忘记英雄的民族没有魂》等报道，分清是非，阐明态度，批驳各种奇谈怪论，起到了重要的舆论引导作用。实践表明，主流媒体坚持核心价值观，在众声喧哗的舆论场上就像"定海神针"，不仅在多元的思想环境中为人们提供了清晰的价值判断，也极大地增强了主流媒体的权威性和公信力，成为传统媒体影响力向新兴媒体延伸和拓展的重要支撑和保障。[②]

进入移动互联网时代，一般信息已经不再稀缺甚至已经泛滥，但思想深刻、

---

① 习近平：《新闻媒体内容创新是根本》，《新华每日电讯》，2015 年 12 月 27 日第 1 版。
② 光明日报媒体融合发展专题调研组：《内容生产仍然是核心竞争力》，《光明日报》，2015 年 8 月 14 日。

见解独到、能为用户提供独特价值的专业优质内容依然稀缺。在优质内容生产方面，传统媒体拥有专业化的采编人才队伍、权威的信息渠道、规范的采编流程，有着新兴媒体无法比拟的内容原创生产优势。要通过融合发展，最大限度地把这些优势发挥出来，延伸和拓展到新兴媒体。要依托强大的采编力量、权威的信息渠道、规范的采编流程，进行专业化的新闻生产，着力打造优质的新闻产品，确保网上网下的报道真实准确、全面客观。要加强信息资源的挖掘和加工，深耕信息内容，推出思想性强、观点鲜明的深度报道和评论言论，进一步提升信息内容的品质。如上海报业集团推出的新媒体项目"上海观察"，融合传统党报的采编资源和组织资源优势，在内容上强调精、深、独，原创和独家内容比例在90%以上，形成了"聚焦上海、深度评析"的内容特色。

2. 注重用户体验，从新闻传播向信息服务拓展

在媒体融合发展的背景下，新闻内容还要适应新媒体传播的特点。新媒体的出现，创造了一个"自媒体"时代，为信息的传播拓展出更广阔的空间。传播模式从原来的"一对多"，转变为现在的"多对多"。具体而言，相对于传统传播方式，主要有四大转变：实现个人为指向的分众媒体而非大众媒体；实现信息的发送者与接受者之间的充分互动性；实现富媒体内容的传播，即内容呈现方式可以在文本、音频和视频之间任意转换或兼而有之；实现跨国界的全球化传播，消除了国与国的界限，信息以最低的成本让无数人共享。[①] 基于新媒体传播的这些特点，提升融合新闻产品的质量，在媒体融合发展中要以用户为中心，围绕用户的资讯、实用、社交和娱乐等需求，既注重提供共性新闻产品，也着重加强个性化的新闻生产，积极开发适应移动传播特点的新型融合新闻产品。

具体来说，有三个重点。一要注重快捷精简传播。新媒体传播的一个重要特点就是微传播，各种微内容、微信息高速、跨平台流动，这就要求新闻传播多在"微"字上做文章，在传播中抢得先机，形成即时采集、即时发稿的报道机制，加强短视频、微视频的创作生产，把报道内容直观形象地呈现出来。二要在服务上适应分众化互动化趋势。现在人们的个性化需求越来越多，倒逼内容生产必须在特色化、分众化上下功夫。在媒体融合发展的过程中，既要提供共性新闻产品，也要加强个性化新闻生产，同时不断提升内容的社交属性，使

---

① 马为公、罗青：《新媒体传播》，北京：中国传媒大学出版社，2011年，第10-12页。

新闻产品成为网民乐于、易于分享的信息,有力提升主流媒体内容产品在社交平台的影响力。三要在展示上实现多模态化和可视化。在新媒体环境下进行新闻生产,必须采取多媒体化的展示方式,以多样化的展示、多介质的推送,综合运用图文、图表、动漫、音视频等多模态形式,实现内容产品从可读到可视、从静态到动态、从一维到多维的升级融合,从而满足多终端传播和多种体验的需求。

目前,已有不少媒体推出了一系列为各界叫好的融合新闻产品。例如,2013 年 10 月,名为"复兴路上"的用户在优酷网发布了 5 分多钟的《领导人是怎样炼成的》短片,用动漫的形式讲述了中国领导人的选拔过程,把我们的领导人以卡通人物的形象展现在公众面前,短短几天点击量超过 1 000 万。2014 年 2 月,媒体发布了习近平动漫形象,盘点习近平"时间去哪儿了";不久之后,中国政府网发布《图解国务院常务会议》,公布李克强的漫画形象,均取得了良好的传播效果。2014 年 3 月 23 日,新华社推出的"面向未来的赶考"大型集成报道,更是堪称榜样。该报道以新华社原社长李从军领衔采写的长篇通讯《面向未来的赶考——习近平总书记指导河北省党的群众路线教育实践活动回访记》为蓝本,以历史纵深感、恢宏视角、全媒体形式展示了习近平总书记指导河北省开展党的群众路线教育实践活动的过程,对总书记关于党的群众路线教育的大量历史资料、照片、视频等进行全面梳理,通过新媒体各要素集成化展示和新媒体传播渠道,实现高端政治新闻的新媒体化和网络碎片化阅读的契合整理,开创了重大政治性主题报道的新模式。该集成报道上线仅 4 小时,访问量逾 4 000 万人次。通过打造这样的集成报道精品之作,运用新媒体渠道和新技术手段进行传播,实现了通讯社传统优势、核心资源与新媒体的融合发展。

(三)以机制创新为动力,为融合发展提供坚实保障

媒体融合发展的一个重要结果是打破了信息制作和传播的既有格局,传统媒体控制信息内容的传播体制受到冲击,UGC(用户生产内容)为主体的体制外传播已蔚为大观。媒体融合上群雄逐鹿的局面要求在经营管理上尊重各方利益需求,同时适应新媒体开放性的特点,改变传统单一主体封闭控制的经营管理方式,向开放型、服务型、多元融合式经营管理模式转变。2013 年 11 月 16 日,《人民日报》发表习近平总书记《关于〈中共中央关于全面深化改革若干

重大问题的决定〉的说明》。习近平总书记在说明中指出："从实践看，面对互联网技术和应用飞速发展，现行管理体制存在明显弊端，主要是多头管理、职能交叉、权责不一、效率不高。同时，随着互联网媒体属性越来越强，网上媒体管理和产业管理远远跟不上形势发展变化。特别是面对传播快、影响大、覆盖广、社会动员能力强的微客、微信等社交网络和即时通信工具用户的快速增长，如何加强网络法制建设和舆论引导，确保网络信息传播秩序和国家安全、社会稳定，已经成为摆在我们面前的现实突出问题。"①

针对这些问题，推动媒体融合发展，既需要进行技术升级、平台拓展、内容创新，也需要对组织结构、传播体系和管理体制做出深刻的调整和完善。习近平总书记多次强调："要一手抓融合，一手抓管理，确保融合发展沿正确方向推进。"② 中央《关于推动传统媒体和新兴媒体融合发展的指导意见》也指出，"理顺管理体制，破除制约媒体融合发展的机制体制壁垒，提高管理科学化水平。完善媒体管理制度，对网上网下、不同业态进行科学管理、有效管理，确保面向大众传播的新闻信息遵循统一的导向要求和内容标准。把推动媒体融合发展与优化资源配置紧密结合起来，解决目前存在的媒体功能重复、内容同质、力量分散等问题，使媒体发展格局更加科学合理"③。总之，要加快改革步伐，积极探索创新，推动形成一体化的组织结构、传播体系和管理体制，为融合发展提供坚实保障和有力支撑。根据中央要求，具体来说，可以沿下述三个方向努力：

1. 重组媒体内部组织结构

在融合发展过程中，媒体内部组织结构的重组是一大难点。要根据融合发展的需要，加强新兴媒体的力量，改变传统媒体和新兴媒体分立单干的状况，推动传统媒体和新兴媒体深度融合。要重构新闻采编生产流程，升级采编系统，建立统一指挥调度的多媒体采编平台，实现新闻信息一次采集、多种生成、多元传播。目前，从欧美报业发展的趋势来看，就是把新闻编辑部做成类似集线器（hub）式中枢状，并以"持续报道中心""任务控制中心""中央厨房"等

---

① 习近平：《网络和信息安全牵涉到国家安全和社会稳定》，国务院新闻办公室网站，http://www.scio.gov.cn/zhzc/9/6/Document/1350719/1350719.htm，2013 年 11 月 18 日。

② 《媒体融合发展加速》，《人民日报（海外版）》，2014 年 8 月 21 日第 1 版。

③ 刘奇葆：《加快推动传统媒体和新兴媒体融合发展》，《党建》2014 年第 5 期，第9 页。

别名称之。虽然每家报社造型各异，但目标一致：将主页新闻、报道节奏、社交媒体战略、采编联动等作为重心。编辑们希望通过这些"新闻中枢"打造新的工作流程，不断生产新鲜新闻，同时确保主页和社交媒体状态的持续更新。此外，要转变用人机制，建立统一的人才管理体系，加大新兴媒体内容生产人才、技术研发人才、资本运作人才和经营管理人才的培养和引进力度，逐步调整优化人才结构。建立健全绩效考核体系，研究创新项目用人机制，探索媒体融合发展条件下吸引人才、留住人才、用好人才的有效途径。湖南广电集团在这方面做出了积极探索。为了匹配"芒果生态圈"的建设，它积极探索"产品经理"机制。产品经理人不仅是创意人才、管理人才，更是懂市场的人才。在新媒体和市场的推动下，制片人应该向产品经理人转型，形成一个产品经理人的群体，既面对传统媒体，也要面对新兴媒体，才能打造出更多优秀的、有影响力的产品体系、媒体平台。湖南广电集团认为，媒体领导要成为产品经理人，要对产品有深入的研究，要自己去实践，把自己当成一个用户来发现问题。

2. 构建现代化的立体传播体系

媒体融合发展的根本在于媒体商业模式和运营平台的重建。在大众传播时代，由于传播技术的限制，传统媒体依据各自不同的传播媒介为受众提供界限分明的产品。但随着媒体的融合发展，信息生产、传播方式的融合趋势也越来越明显。在这种融合而成的大传播格局下，平台化的立体传播就成为传媒发展的必然趋势。对于使用者而言，其希望通过同一个平台来实现对各类信息的所有需求。而从大产业的角度来看，媒体融合是媒介产业在数字化技术下产业的必然演化形态，是与信息生产、信息传播、信息应用相关的多个产业以媒介产业为向心、以"融合"为生产方式的新型信息生产形态。

传播力关系影响力，要通过融合发展，加快构建现代化的立体传播体系，丰富传播形态和传播样式，拓展传播渠道和平台终端，使媒体传播更加快捷、覆盖更加广泛，做到"用户在哪里，我们就覆盖到哪里"。在现行体制下，办报纸的、办通讯社的、办电台电视台的，功能不同、各有定位。要从各自实际出发，积极探索适合自己的融合发展模式，科学规划传播体系基本架构，明确各自的战略方向和发展重点，构建立体化、广覆盖的传播格局。

3. 建立科学有效的媒体管理体制

推动媒体融合，必须坚持一手抓发展、一手抓管理。科学的媒体管理体制，坚持党管媒体是基本底线。党性原则是党的新闻舆论工作的根本原则。坚持党性原则，最根本的是坚持党对新闻舆论工作的领导。无论时代如何发展、媒体格局如何变化，党管媒体的原则和制度不能变。在此基础上，要理顺管理体制，破除制约融合发展的体制机制壁垒，对网上网下、不同业态进行科学管理、有效管理，努力提高管理的科学化水平，使传播秩序更加规范。

建立科学的媒体管理体制，还要推动媒体资源整合，着力解决功能重复、内容同质、力量分散的问题，优化资源配置，进一步解放新闻生产力。资源整合的关键是资本优化。随着改革的深入推进，传统媒体与新兴媒体，不仅是"生产工具"的改进、技术的提升、平台的再造，更是资本结构的重组和优化。在传统媒体与新兴媒体的融合发展过程中，通过深化机制改革，保持生产经营活力，打造对接资本市场的上市窗口，打破传统封闭格局，积极地为处于过渡期的"体制内媒体，体制外产业"的复合构建打下基础，从而实现在媒体融合发展中充分遵循权责对等、激励约束并举的原则，既遵守现有的国资规范要求，又有所创新和突破。

广东传媒业在这方面已经做出了大胆探索。2015 年以来，广东在媒体融合发展方面动作频频，主要表现在三个方面：一是进一步优化媒体布局。推动广东省内报业、广电媒体加强合作，共享资源，提高资产利用效率，降低媒体运营成本，减少同质化和重复建设，共同提升服务能力和可持续发展能力。二是进一步打造拳头产品。采取扶优汰劣的思路，推动省主要媒体整合新媒体单元，治散、治小、治滥，高起点谋划、大手笔投入，打造出在国内叫得响的标杆项目、拳头产品。比如，扶持"南方+""羊城派"等新媒体项目，探索"新闻 + 服务""信息 + 创意"产品模式；整合省主要媒体资源，推动成立财经传媒集团，全力打造国内一流的专业财经服务平台。三是进一步加强政策扶持。充分运用好国家文化产业发展政策，打破不合理的体制机制阻碍，强化主流媒体的平台整合能力和资源汇聚能力，吸引优质人才、技术、资本和管理力量的流入，并筹划设立百亿元规模的新媒体产业投资基金，以市场化运作模式助力媒体融合发展。[①] 经过这些改革，广东媒体在一些重大热点事件中充分彰显了服务大局的责任担当。新闻宣传领域"南方声音"的正能量开始确立，使广东媒体具备了在新形势下大展拳脚的底蕴和能级。例如，2016 年全国"两会"报道中，南方报业传媒集团 10 家媒体单位派出 85 名一线采编人员，发挥 1 + X 采编联合协调机制优势，着力于报、网、端、屏各终端的融合报道。广东卫视制作了

---

① 慎海雄：《让党的舆论阵地充满生机》，《传媒》2016 年第 3 期，第 27 – 29 页。

"两会 VR"等"两会"现场视频资讯，移动阅读平台 ZAKER 则对其超过 1.5 亿的用户进行广泛推送。在 3 月 7 日"人民网—泽传媒"公布的中国"两会"地方卫视新闻排行榜上，广东卫视遥居融合指数第一，其中收视率和社交活跃度大幅度领先。不仅如此，南方全线通、南方报业 LED 联播网着力服务广东，在全省各地多个商业中心实时滚动播报"两会"资讯，实现对主流人群的覆盖。此外，南方报业传媒集团"南方＋"客户端、羊城晚报报业集团"羊城派"客户端、南方都市报"并读"客户端、广州日报"广州参考"客户端等一批新媒体传播平台，已成为 2016 年中国"两会"报道的一支不可小觑的新"粤军"。特别是"南方＋"客户端，首次在全国"两会"上亮相，刊发报道 1 027 篇，直播公开会议 28 场，制作 H5、视频等新媒体作品 50 余件。对于广东媒体融合发展的这些新迹象，《华尔街日报》网站、《联合早报》网站等先后发文介绍并高度评价这些创新报道举措。

总之，"明者因时而变，知者随事而制"。从新媒体技术的政治逻辑来看，推动传统媒体和新兴媒体融合发展，事关中国共产党能否过互联网这一关，事关意识形态工作成败，既是做好意识形态工作的战略要求，也是壮大主流舆论的紧迫任务；从发展逻辑来看，新闻产品需要从相加走向相融，最终创造真正体现互联网特质的融合型新闻产品，并且传媒管理与新闻生产的体制机制也需要随之变革；从市场逻辑来看，融合发展需要把市场作为重要的资源配置手段，并且发展成果要能够经得起市场的考验。从全国范围内来看，各主流媒体为推动融合发展锐意进取，积极进行技术升级、平台扩展和内容创新，向新兴媒体进军。政务新媒体在集群化发展、整合传播力上获得突破。随着依法管网、依法治网的稳步推动，网上舆论生态大为改观。但我们也要清醒地认识到，媒体融合发展还仅仅是个开始，任重道远。"为政贵在行，以实则治，以文则不治。"我们要深入学习贯彻习近平总书记关于媒体融合发展的重要讲话精神，积极作为、大胆创新，努力在媒体融合发展之路上走稳走快走好，不断开创媒体融合发展的新局面，开辟我国新闻事业的新天地。

（原载于《新闻与传播研究》2016 年第 11 期）

大数据时代的传媒转型：观念与策略

汤景泰

近年来，在信息技术革命的推动下，以媒介融合为典型特征的传媒转型是传媒业发展中的一个热点和难点问题。纸媒、广播、电视等各类传统媒体纷纷在产品、渠道、经营管理模式、体制架构等多个层面进行广泛探索。但从整体来看，仍然未能挽住传统媒体的颓势。其主要表现为纸媒广告额增长率降幅明显，甚至一直占据王者地位的电视也爆出开机率大幅降低的消息。对于传统媒体来说，要想成功转型，必须摸准新时代的脉搏，逐步培养适应时代要求的思维观念，开发顺应时代潮流的产品。而大数据则是传媒转型必须密切关注的一个关键趋势。

一、解码大数据：信息革命2.0版

"大数据"概念虽然早在20世纪80年代就已提出，但直到现在仍然众说纷纭。要理解这一概念，必须把它放到信息革命的背景中来考察。

大数据是20世纪中期以来人类信息革命发展的必然结果，是信息革命的2.0版。计算机的发明给信息的记录、存储和分析应用带来了极大的便利，信息数字化成为一大潮流。随着计算机的飞速发展和快速普及，典型的信息爆炸出现了。据南加利福尼亚大学的马丁·希尔伯特（Martin Hilbert）估算，2007年，人类大约存储了超过300EB的数据。其中，93%都是数字信息，其余是存储在报纸、书籍等传统媒介上的模拟信息。而在2000年时，采用数字方式存储的信息只占全球数据量的1/4。到2013年，世界上存储的数据预计能达到约1.2ZB，其中非数字数据只占不到2%。[①]

---

① ［美］维克托·迈尔·舍恩伯格著，盛杨燕、周涛译：《大数据时代》，杭州：浙江人民出版社，2012年。

更重要的是，人类所掌握的信息不仅规模急剧膨胀，类型丰富多样，还呈加速度增长。从宏观层面来看，各行各业都在突破传统的"势力范围"，努力采用各种新方法获取更多数据。例如，汽车生产商不仅统计销售量、客户特征等数据，而且还在汽车中装满了各种传感器、芯片和各种配套软件。这些装备已经要占一部车整体价值的 1/3 以上，它们不仅使汽车更加智能，而且也汇集了汽车行驶和使用中的大量数据。像福特 Energi 汽车，每小时就产生 25GB 数据。① 再如，随着智能手机的普及，以及当下如谷歌眼镜（Google Project Glass）等各种可穿戴设备的发展，人们的位置、行为、生理数据，甚至情绪、态度等，都可以变成可分析的数据。在这种趋势下，人类社会、个体及我们生存的世界都在全方位数据化。

量变引发质变，各种类型的大规模数据使得数据对于人类的意义发生革命性变化，从而使人类进入所谓的"大数据时代"。在这样一个时代，数据成为人认知世界和自身的一种重要方式。自人类摆脱蒙昧进入文明时代以来，数据其实就如影相随。但由于其体量小，作用有限，在集中体现人类认知前沿的科学研究上，也主要表现为抽样方法的大行其道。但是对于大数据而言，最重要的特征之一就是要利用所有数据，而不再仅仅依靠一小部分数据。这种对数据的全面利用推动着我们对世界的认知更加精确，并上升到一个新的层级。例如，谷歌地球（Google Earth）项目就是利用大数据建构数字化世界的一个典型。谷歌地球是谷歌公司开发的一款虚拟地球仪软件，它把卫星照片、航空照片和GIS 布置在一个地球的三维模型上。谷歌地球可带领用户前往世界上任何地方以查看该地的卫星图像、地图、地形、3D 建筑物，甚至还可以探索外层空间的星系。通过谷歌地球，人们足不出户便游览天下正成为现实。如果没有大数据的支持，要实现这一点是不可想象的。

正是基于数据价值属性在当代社会的质变，可以说"大数据时代"已经悄然来临。在这样一个新时代，"数据成为重要的社会资源和生产资料……通过分析、挖掘数据可以获得新的知识，可以创造价值。学习、工作、生产、投资、理财、管理都离不开数据，人人都要收集数据、使用数据。管理社会、治国安邦更需要用先进技术处理庞大的数据。谁拥有数据、掌握数据、主导数据并加

---

① 《数据是资产而非成本　看福特汽车如何拥抱大数据》，CNET 科技资讯网，http://www.cnetnews.com.cn/2013/0208/2144065.shtml，2013 年 2 月 8 日。

以整合应用，谁就在社会中占据着重要地位"①。因此，所谓大数据，并不仅仅是指数据的规模大，而且这种大规模的数据达到足以引发质变的程度。

二、传媒转型：大数据观念

大数据为解开当下的传媒转型困局提供了一把钥匙，传统媒体应在大数据背景下进行一场观念革命，重新认识数据价值，深入思考大数据对于传媒业功能属性的影响，进而确立传媒在大数据时代的定位。

（一）数据为王

在传媒转型中，曾经有过内容为王、渠道为王等说法。而在大数据时代，由于数据在人类社会的价值属性发生根本性变化，所以传媒业还应高度重视数据的价值，养成数据为王的观念。

所谓数据为王，主要是指在大数据时代，数据成为政治、经济及个人生活中的关键资源、重要资本和价值提升的源泉。在传统社会中，数据一直扮演着重要角色，但在大数据时代，其重要性将进一步提升至不可替代。大数据具有总量大、速度快、类型多（Volume、Velocity、Variety，3V）的特点，这也促成了大数据的第四个特点——价值大。由于大数据覆盖广泛且类型多样，数据成为日常管理和重要决策的主要依据，并由此成为价值提升不可或缺的资源。以广告业为例，在大数据时代，了解与洞察消费者进入了一个全新的阶段，营销者需实时对消费者及其消费需求数据进行精准分析，以不断优化广告营销效果。传统方法对此无能为力。针对这一问题，腾讯公司依靠QQ空间、朋友网、QQ音乐等拳头产品积累多年的海量数据资源，推出了社交广告投放平台——广点通，在海量数据里针对垂直细分领域做用户群提炼，提升广告转化效果，并通过社交渠道帮助广告主实现免费的二次社交传播，其精准定向投放和实时营销效果能力引爆大数据价值。

从功能属性上看，媒体除了做好信息传播之外，更应专注于社会解读和分析预测。而大数据恰恰可以对社会进行全面而深刻的洞察，这对传媒而言不可

---

① 官建文、刘扬、刘振兴：《大数据时代对于传媒业意味着什么?》，《新闻战线》2013年第2期。

或缺。因此，在数据为王观念的指导下，媒体要有强烈的数据意识，要善于挖掘数据、分析数据和使用数据。

（二）大媒体

在大数据时代，数据的价值与数据规模及其类型有着直接关系，全面的而非部分的数据是数据产生价值的基础。大数据又特别强调相关关系，这就要求数据类型尽可能丰富。因此，在一定程度上可以说，数据越全面，类型越丰富，数据的价值就越大。这实际上也就对信息产业的集约化提出了更高的要求。为适应这种要求，对于转型中的传媒业而言，就要从整个信息产业的层面出发，使自身成长为数据规模庞大、类型丰富的"大媒体"。

在传统大众传播时代，由于传播技术的限制，传统媒体依据各自不同的传播媒介为受众提供界限分明的产品。而从功能属性上来看，"大媒体"与传统媒体最大的不同就在于其变成了能够提供多种信息服务类型的综合型信息服务提供商。从互联网发展的历史来看，"大者通吃"成为一条规律，真正能够占据主导地位的是能够提供近乎所有服务的公司。例如谷歌、腾讯等，都称得上是提供包括资讯、娱乐等在内的各种信息服务的超级媒体。

在大媒体战略中，依托互联网成长起来的新公司占据了领先地位。但对于传统媒体而言，也并非没有机会。在大媒体传播中，特别值得重视的是平台化。传统媒体要想在大数据时代重新占据主导地位，也必然需要实施平台化战略。在媒介融合的大趋势下，对于使用者而言，其能通过同一个平台来实现对各类信息的所有需求。从大产业的角度来看，媒介融合是媒介产业在数字化技术下产业的必然演化形态，是与信息生产、信息传播、信息应用相关的多个产业以媒介产业为向心、以"融合"为生产方式的新型信息生产形态。[1] 再加上大数据价值属性的内在要求，更具开放性和包容性，能够提供多种信息类型的"平台模式"将成为传媒产业转型中最具竞争力的发展模式。

三、传媒转型：大数据策略

大数据时代的技术与方法虽然远未成熟，但对于转型中的传媒业具有重要

---

[1] 黄春平、余宗蔚：《媒介融合背景下我国数字内容的监管难题与解决路径》，《深圳大学学报（人文社会科学版）》2010 年第 2 期。

启示。传媒要借鉴相关数据挖掘和分析技术，在产品开发、经营管理等各方面，充分利用大数据，开发新型新闻产品，为用户提供更精准的个性化服务，同时可以盘点并开发自身拥有的数据资产，进行多途径利用。

（一）新闻数据化

新闻数据化主要是指在新闻生产全过程中充分利用数据挖掘、分析、展示等技术，以提高新闻质量，丰富新闻类型。目前大行其道的"数据新闻"就是这一理念的典型代表，即"在形式上以图表、数据为主，辅之以必要的少量文字；在实际操作中，记者主要通过数据统计、数据分析、数据挖掘等技术手段或是从海量数据中发现新闻线索，或是抓取大量数据拓展既有新闻主题的广度与深度，最后依靠可视化技术将经过过滤后的数据进行融合，以形象化、艺术化的方式加以呈现，致力于为读者提供客观、系统的报道以及良好的阅读体验"①。综合传媒业界经验，新闻数据化主要有三种路径：一是通过深度挖掘数据，发现和拓展新闻线索与深度；二是依靠数据整合技术，自动进行新闻采集和编辑；三是利用可视化技术，用数据呈现新闻。

1. 数据新闻的挖掘与拓展

如果说传统媒体时代或互联网发展的初级时代，新闻线索是通过读者报料、网上搜罗和记者跑腿获得的，那么在大数据时代，新闻线索的获取则需要更加专业。媒体可以通过自己的数据研究中心，或者依靠数据库新闻团队，利用专门的技术和工具从海量信息中去挖掘，从而得到更有价值的新闻线索，并进一步拓展新闻深度。例如，英国《卫报》针对伦敦骚乱的专题"解读骚乱"（Reading the Riots：Investigating England's Summer of Disorder）就是这方面的典型尝试。2011 年 8 月，英国伦敦等 6 个城市爆发了举世震惊的骚乱。事件发生后，英国政府与媒体对于骚乱原因及其处置进行了广泛讨论。但《卫报》认为这些讨论多基于想象而非证据，于是发起了"解读骚乱"项目，通过深度访谈和问卷调查获取包括参与者的参与渠道、态度、行为等多种数据，并收集了 250 多万条与骚乱有关的推文（Tweet），然后在此基础上进行文本分析和数据挖掘。项目最终获得极大反响。在此之前，英国内政部、司法部的调研结果认为，脸

---

① 文卫华、李冰：《大数据时代的数据新闻报道——以英国〈卫报〉为例》，《现代传播》2013 年第 5 期。

书（Facebook）和推特（Twitter）是社交媒体中煽动骚乱的罪魁祸首。但"解读骚乱"研究发现，没有证据证明推特煽动人们参加骚乱。相反，推特上的信息对于骚乱主要持否定意见，此前未受重视的黑莓信使（BBM）反而真正在骚乱中起到了巨大的煽动作用。从"解读骚乱"项目可以看出，《卫报》网站正是以大规模的数据分析跳出了人云亦云的困境，提供了有深度、更专业的报道。

2. 数据新闻的生产与整合

借助社会化媒体的蓬勃发展，新闻生产通过数据挖掘也在逐渐社会化。一方面，可以通过一系列的设置使更多用户能便捷地参与到新闻的制作和生产中来。如《卫报》网站推出了"2012 美国大选报道"专辑，在大选结果公布之后，在自己的网站面向全球用户进行调查，并利用调查结果制作了《奥巴马再次当选美国总统：全球民众的态度》动态数据地图。另一方面，社交媒体平台上的信息数据也是数据新闻生产的重要资源之一。在上述《卫报》专辑中，有多篇报道都是通过抓取、分析推特上的信息制作而成。再如牛津互联网研究院（Oxford Internet Institute）发布的报道《奥巴马在推特上赢得了大选》，就是分析从推特上抓取的关键词"奥巴马、罗姆尼、瑞恩、拜登"等，来预测大选的结果。

3. 数据新闻的呈现与表达

数据新闻通常是运用可视化技术，以图表、图解、图形、表格、地图、动画、视频等信息图表来传递新闻信息。有学者认为，"通过信息图表等手段对已经拥有的数据进行更好的呈现与解读，甚至通过信息图表来拓展与深化新闻，是通往数据新闻方向的必由之路"[①]。目前，世界不少媒体早已展开了大规模的探索。在前述《卫报》网站"解读骚乱"项目中，对于谣言传播的可视化呈现就是其中非常精彩的一部分。在该项目中，研究团队根据骚乱中 7 个影响最广的谣言，把整个总数高达 250 余万条推文的数据库分解为一系列与各个谣言相关的子数据库，然后利用莱文斯坦距离参数法和可视化技术，把这 7 个谣言用 7 张照片陈列在一张表上，点击每一张照片即可进入该谣言的动态传播过程图。在过程图中，上面是一个交互时间轴，下面是由大大小小的圆圈组成的动态图表。每个圆圈代表一条推文，点击圆圈即可在图表下方看到该推文的内容、发

---

① 彭兰：《"信息是美的"：大数据时代信息图表的价值及运用》，《新闻记者》2013 年第 6 期。

表时间和转发数量。圆圈大小表示影响力。圆圈的红、黄、绿、灰四种颜色分别代表作者对谣言持反对、质疑、支持和评论四种态度，这四种颜色还依深浅划分为四个维度，代表态度的强弱程度。时间轴还有"播放"功能，点击后就能像动画一样生动地演绎出整个传播过程，使谣言各方力量的此消彼长一目了然。[①] 这种可视化的互动表现手法提升了新闻的表现力，拓展了新闻的深度。可以说"在这样的时代，对于新闻人来说，用数据说话、用图说话，将变得与新闻写作同样重要"[②]。

（二）受众数据化

传统媒体一般拥有庞大的受众，但它们往往简单地以发行量、收视（听）率等来衡量受众的喜好。在大数据时代，受众的主体特征与购买、阅读、收视等个性行为习惯及相应的态度、心理等都要进行数据化分析，以提升受众的消费体验，并进行深度的数据开发利用。这种受众数据化，已经广泛应用于个性化新闻定制、舆情监测及数字营销等方面。

1. 个性化新闻定制

大众媒体时代，新闻传播属于粗放型，缺乏针对性和精确度。受众需要从大量的新闻信息中挑选出自己感兴趣和有效的内容。新闻媒体自产生以来，综合性的报纸、广播、电视一直是传播界的权威，而到了互联网时代，情况有所改变。网络信息的爆炸性与受众注意力的有限性，决定了用户只会根据自己的习惯和爱好选择信息内容，这便意味着大众媒体那种"一厢情愿"式的信息传播将成为过去，而个性化新闻将吸引更多的受众，成为媒体未来的生存之道。"大数据"的理念为个性化新闻的生产提供了广阔的思路。由于人们在上网浏览信息的过程中会留下"足迹"，即浏览数据。因此，只要对一位受众——固定 IP 地址或同一终端浏览器上的所有浏览数据或相当长时间的浏览数据进行分析，便可获知其上网习惯、喜好等，根据这些数据，在最合适的时间以最恰当的方式向他推送其最感兴趣的、满足其个性化需求的新闻。随着大数据的发展，精准

---

　　① 黄超：《社会科学研究方法在复杂议题融合报道中的应用——以英国〈卫报〉网站"解读骚乱"专题为例》，人民网，http://media. people. com. cn/n/2012/1106/c150615 - 19514409. html，2012 年 11 月 6 日。

　　② 彭兰：《社会化媒体、移动终端、大数据：影响新闻生产的新技术因素》，《新闻界》2012 年第 8 期。

传播会越来越普及，个性化新闻也将越来越受欢迎。

目前，业界已经尝试基于属性和行为提供个性化服务。基于属性的个性化是指提取新闻本身诸多属性的关键词，并推送类似属性的对象给用户。例如，2011 年 2 月雅虎推出的个性化"数字报摊"Livestand 就是一个基于属性的新闻推荐的典型。它记录了用户对各种类型的新闻和内容的浏览记录，并寻找符合用户偏好的内容和新闻推送给他们。而基于行为的个性化不考虑每一个内容的"基因"或关键词，而是利用用户的浏览行为记录。例如，2009 年 3 月美国 Kosmix 公司推出的个性化新闻服务 Meehive 就是如此。Meehive 将用户账户和他们的推特账户绑定，用户在推特上的各种传播行为，都被 Meehive 记录并提取关键词。Meehive 以此为基础进行数据挖掘，了解用户喜好，并据此为用户提供个性化新闻页面。

2．舆情监测

在大数据技术的帮助下，公众的意见、态度、情感等原来难以捉摸的内容也可以数据化，这使得网络舆论的研究可以更加精准。不仅如此，由于社会关系已经在互联网上充分展开，所以对公众舆论的研究就可以和社会关系等因素联系起来进行多维度的考察。这无疑对于深入舆情研究和服务具有重要价值。因此，在大数据时代，应树立"大舆情"观念。一方面扩展舆情信息规模，利用大数据技术进行网上网下各种类型数据的收集；另一方面丰富舆情分析维度，充分利用相关性，进一步精准把握舆情走势。例如，2012 年 3 月美国政府发布的《大数据研究和发展计划》就提出，应当通过对海量和复杂的数字资料进行收集、整理，从中获得真知灼见，以提升对社会经济发展的预测能力。事实上，"借助大数据，舆情研究的视角将更加多元化，未来舆情研究的视角将转向为社会话语表达、社会关系呈现、社会心理描绘、社会诉求预测等多方面、多向度的研究"[1]。

3．数字营销

大数据技术也为广告投放和数字营销提供了基础。传统媒体一般只能为广告商提供发行量、阅读率等粗略数据，但这早已不足以满足适应当下广告精准化的需求。而传统媒体上网之后，积累的大量用户数据完全可以成为提高媒体

---

[1] 喻国明、王斌、李彪等：《传播学研究：大数据时代的新范式》，《新闻记者》2013 年第 6 期。

广告效果的基础。因为随着技术的发展，追踪网络用户的行为更加便利。通过网民行为追踪以分析网民消费行为，建立用户数据库，并据此采取一对一的广告投放，这样一来，广告受众便细分到了某类人群，甚至一个上网终端对应一个受众来发布受众感兴趣的信息，广告的精准投放得到了进一步优化。通过上述分析可以看出，大数据已经在潜移默化中改造着传统传媒业，给传媒转型提供了诸多思路。实际上，只要充分挖掘，大数据还可以给传统媒体提供更多机会。据麦肯锡全球研究所对美国 17 个行业拥有的数据量所做的估算，离散式制造业居首位，拥有 966PB 数据总量；美国政府居第二位，拥有 848PB 数据总量；传播与媒体业居第三位，共有 715PB 数据量。[①] 可以说，传媒业在大数据时代拥有巨大的先发优势，而如何充分利用则是传媒业转型中的一个重要课题。

（原载于《新闻与写作》2013 年第 9 期）

---

① 麦肯锡全球研究所：《大数据：下一个创新、竞争和生产率的前沿》，2011 年 5 月。

论政务微博的品牌塑造

汤景泰　张艳丽

当下，中国正处于社会全面转型期，传统的社会治理模式面临一定挑战。同时，随着各类新媒体的不断涌现，民意拥有了更多的表达渠道。公众积极就各类热点事件表达意见，呈现出鲜明的跨地域与全时空的特点，对公共决策产生的影响日趋广泛和深入。因此，为了引导公众舆论、维护社会稳定、塑造政府公信力，党和政府积极访民情、听民声、汇民意、聚民心。在这种形势下，政务微博应运而生。

但在政务微博蔚然成风之时，我们也需清醒地认识到它的发展困境。据清华大学公共关系与战略传播研究所官方微博的观察，当前80%的政务微博类似"痴呆症"，它们不但"既聋又哑"，还"自言自语"。[①] 出于跟风或作秀，许多政务微博都因长期"默默无闻"而沦为"僵尸微博"。此外，与名人类、媒体类微博账号相比，大多数政务微博在粉丝数、微博数、转发量方面均处于劣势。加之其发布内容与形式的千篇一律，不少政务微博正面临逐渐被边缘化的趋势。另外，根据人民网2013年底发布的《政务微博群体与网络舆论生态研究报告》，自2013年8月以来，在几次重要会议和举措的推动下，网络大V的热度明显下降，并使得微博在2013年也面临严峻的发展危机。由此也说明，政务微博并未能够及时占领一些网络大V撤退后留下的阵地。

对此，有不少观点认为政务微信的崛起抢占了政务微博的发展空间。但从传播特性来看，微博与微信各有其传播优势。微博是公开的媒体工具平台，微信则是更偏于私密性的社交平台。特别是在公共问题的传播上，微博因其开放性，拥有有力的传播优势。在2014年先后发生的昆明"3·1"暴力恐怖主义袭击以及马航MH370航班失联等事件中，微博的这种优势就体现得特别明显。因

---

① 朱诗意：《政务微博的传播现状分析——兼论网络时代的政府形象传播》，浙江大学硕士学位论文，2012年。

此，发挥政务微博的传播力、打造政务微博的影响力便成为当务之急。

一、政务微博研究述评

伴随着政务微博的蓬勃发展，学界与业界对政务微博的研究也全面展开。从研究主题上来看，主要集中在政务微博的传播特征、作用、存在问题以及发展建议等方面。对于政务微博的传播特征，研究者们认为政务微博除了具有微博的基本特性外，还具有其独特的传播特征。如中国传媒大学韩娜从传播学的5W模式出发，认为：从传播主体看，政务微博具有特定性、权威性；从传播媒介看，政务微博具有互动性、裂变性；从传播内容看，政务微博具有独占性、灵活性。[1] 对于政务微博的作用，不同学科领域的学者从不同的视角进行了多方面阐述。如河南省委党校董立人从社会管理的角度认为政务微博为社会管理提供了工具支持、服务意识和能力驱动力支持、信息获取的平台支持，为践行群众路线提供智力支持，以及为在社会管理中体现与民意的良性互动提供了支持。[2] 中山大学传播与设计学院张宁教授则从公共关系的角度出发，认为政务微博开拓了官民沟通的新渠道，增加了官民沟通的机会；并调动了政府内部力量，展现亲民色彩和个性特征，引发公众关注。[3] 还有学者从政府形象构建的角度做了阐述。[4]

对于政务微博存在的问题，学界也通过文本分析、数据调查、个案研究等进行了综合研究，总结了政务微博在内容、效果、运行机制等方面存在的问题。有学者通过对传播噪音理论的阐述，分析认为政务微博所受到的三方噪音干扰表现为政务微博的无序设立、信息发布有误，信息环境繁杂、技术环境缺陷，以及民众的情绪化反馈、理解偏差和心理抵触。[5] 也有学者发现政务微博在管理上存在不足，如政务微博账号身份信息不一致、发文内容与形式单一、语言过于正式、更新频率过低或过高、未被真正使用而流于形式、未实现常态化、

① 韩娜：《传播学视角下政务微博的发展路径探析》，《新闻与写作》2012 年第 2 期。
② 董立人：《政务微博发展助推社会管理创新》，《领导科学》2011 年第 10 期。
③ 张宁：《官员个人微博——一种政府公共关系角度的考察》，《现代传播》2012 年第 7 期。
④ 聂芸芸：《政务微博与新型政府公共关系构建》，《新闻前哨》2012 年第 6 期。
⑤ 韩红星、赵恒煜：《政务微博影响力的消解——基于传播噪音的研究》，《东南传播》2012 年第 7 期。

部门内微博间缺乏整合和互联等。①

为了更好地利用政务微博这把"利器",针对上述问题,一些学者从不同的理论领域出发,探索了关于政务微博的发展策略。如上海理工大学瞿旭晟从规章制度、运行机制和功能等角度提出建议:制定面向新媒体的政府信息公开条例;与其他微博平台进行互动合作;推动具体业务部门以及和民生密切相关的部门先行先试;利用微博平台收集信息反馈,进行舆情监测,等等。② 此外,还有学者从哈贝马斯的交往行为理论出发,认为在微博的互动中,政务微博应当注意"微"意识的培育、"微"语言的熟练运用,以及"制度"的自我反思和重构等方面的问题。③

上述研究对于明确政务微博的传播特征,认清其问题并进行有针对性的改善提供了有价值的思考。但对于数量如此巨大,且又集中在一个自媒体平台上的政务微博来说,如何摆脱同质化竞争的困境脱颖而出,就成为首要问题。因此,政务微博需要明确自身定位,强化个性色彩,这就有必要从品牌塑造的高度思考政务微博的发展之路。

二、政务微博品牌塑造的内涵

"品牌"一词源于古斯堪的纳维亚语"brandr",本意是"烙印"。以前,人们为了将自己的财产与别人的区分开,会在物品上打上标志。随着经济的发展,商品种类和数量日益繁多,品牌不再仅仅是自身商品或服务区别于他者的识别符号,而逐渐成为企业宝贵的无形资产。因此,打造强有力的品牌已成为企业的共识。但随着社会的发展,"品牌"这一概念也不再是商业领域的"专利",它逐渐扩展到其他各个领域,诸如个人品牌、城市品牌、国家品牌等概念层出不穷。品牌概念的广泛延伸不外乎是出于"跳出同质化怪圈,彰显个性化特征"意图的考虑。因此,塑造政务微博品牌也可谓是打破其发展瓶颈的有效途径之一。

笼统地讲,政务微博品牌是政府机构或部门整体化的精神风貌,是政府社

---

① 郑磊、任雅丽:《中国政府机构微博现状研究》,《图书情报工作》2012 年第 3 期。
② 瞿旭晟:《政务微博的管理风险及运营策略》,《新闻大学》2011 年第 2 期。
③ 李晓方:《以微博为媒介的官民互动特点分析——以新浪政务微博为例》,《电子政务》2011 年第 9 期。

会管理理念的外在体现。把握政务微博品牌的内涵要从以下几个方面入手：

第一，从主体特征看，政务微博品牌不同于商业品牌，这个辨识符号不用于一般的商品或服务，而用于政务微博这个特殊的主体。品牌必须具有个性化特征，因此政务微博品牌也要凸显其个性特色。而政务微博的特色是其机构或部门的职能属性、机构所在地区的资源特点、政务微博运营人员的性格特征等因素的整体融合。

第二，从抽象符号看，政务微博品牌作为政府机构或部门独有的识别形象，是区别于其他政务微博的重要标记。但这一独特的抽象符号，不可能表现出政务微博的方方面面，而仅是对其形象的高度浓缩和概括。

第三，从着眼点看，政务微博品牌不拘泥于品牌本身，而是着力于社会公众的利益。政务微博是与公众沟通交流的良好平台，只有为公众利益服务，才能塑造出强势的品牌，从而为以后更好地引导公众舆论、维护社会稳定打下坚实的基础。

第四，从战略发展看，塑造政务微博品牌体现了政府机构或部门社会管理的核心理念和价值取向。它的塑造需要一个长期的、动态的过程，随着社会的发展和时代的进步，政务微博品牌也需要不断完善和提升。

三、政务微博品牌塑造的策略

CIS 是 Corporate Identity System 的英文缩写，最早应用于企业界，因此被国人译为"企业形象识别系统"或"企业形象设计"。它由理念识别（Mind Identity）、视觉识别（Visual Identity）和行为识别（Behavior Identity）三部分构成，是企业品牌营销的常用策略。

CIS 最早发源于 20 世纪 50 年代的美国，当时的计算机巨头 IBM 通过导入 CIS 成功地塑造出"蓝色巨人"的公众形象，提高了企业知名度，成为世界知名品牌。随后，日本紧跟美国潮流，于六七十年代引入并发展了 CIS。日本从管理的角度重点建设企业文化，包括企业对社会的责任、经营理念以及企业对外行为活动和内部员工的行为活动[①]，强化了"理念识别"理论，并创造出具有本国特色的实践案例。

---

① 朱婧、周丽婷、于超：《CIS 原理与政府形象设计》，《行政与法》2005 年第 11 期。

近年来，CIS 逐渐被广泛应用于诸如高校、政府和城市等其他领域的品牌塑造。由此可见，CIS 的核心是将组织独特的运营理念、文化价值等信息，通过视觉识别设计和内部人员的行为规范，在双向沟通的基础上传达给社会公众，从而在公众心目中树立品牌形象。因此，政务微博作为政府机构信息发布和与民沟通的媒介，亦可借助 CIS 塑造微博品牌。政务微博识别系统可分为政务微博理念识别系统、政务微博视觉识别系统、政务微博行为识别系统三个方面。

（一）政务微博理念识别系统

政务微博理念识别系统是指政务微博区别于其他微博的独特运营理念，包括文化精神、服务宗旨等。它是政务微博视觉识别系统和行为识别系统的基础和导向，是政务微博品牌塑造的灵魂与核心。

一方面，政务微博作为政府机构或部门的官方媒介，具有公共机构的服务性质，因此，"以服务群众为本"是政务微博理念识别系统的核心。另一方面，由于政府机构或部门本身职能属性不同、所在地区不同等因素，又会导致政务微博有各自不同的品牌定位。

"禁毒在线"的腾讯官方微博在 2010 年开通后，就秉持"有毒必肃、贩毒必惩、种毒必究、吸毒必戒"的服务原则，针对"毒品危害"这一社会热点问题找准定位，发布权威的新闻信息和科学知识，引起了社会及媒体的广泛关注。

又如"成都发布"，作为成都市人民政府新闻办公室开通的官方微博，它抓住"本土化"的品牌理念，充分挖掘了成都的信息资源、人文资源和自然资源，开辟新闻资讯和生活资讯两大板块，发布与成都有关的各类信息。其权威的新闻资讯和丰富的生活信息获得了成都市民的好评，并入选 2012 年"十大具有影响力政务机构微博"。

所以，政务微博要形成自己独特的品牌理念，需要清楚地审视自身的职能属性，挖掘所在城镇或乡村的资源特点和公众需求，同时还要分析已有的政务微博的运营理念和运营模式，做到"知己知彼"，从而"独树一帜"。

（二）政务微博视觉识别系统

政务微博视觉识别系统是指以运营理念为指导形成的独特的视觉要素，主要通过官方微博主页和微博发布内容呈现出来。官方微博主页包括微博名称、微博头像、微博简介、微博背景和模块设置等；微博发布内容则包括信息、图片、视频、链接等。

一般来说，政务微博主页应与其核心理念、品牌定位保持一致。如"微成都"，其在新浪和腾讯的官方微博头像都是一只大熊猫；新浪微博主页背景是绿油油的竹子；腾讯微博介绍是："爱吃火锅，更爱喝茶，不爱没有阳光的天空；爱摆龙门阵，爱打望，不爱没有田园的水泥森林。爱熊猫，也爱表达。我们，在成都，爱成都！"这些独特的视觉识别符号与其"便民服务"的理念定位相得益彰，拟人化、生活化的个性特征表现得淋漓尽致，让游走在喧嚣都市的人们感受到在成都生活的乐趣。所以，"微成都"的影响力在政务微博中非同凡响。

微博发布内容则应该采取专栏化模式，实施精准性投放；尽量发布原创性信息，同时保证图文并茂、声画并存，实现品牌形象的全方位展示。如"南京发布"先后开辟了"南京快讯""南京要闻""创新南京"等十多个微博专栏，生动地展现了六朝古都的文化底蕴。此外，其大多数微博都是以图片或视频配合文字的形式发布，微博内容的全媒体化吸引了众多受众的"眼球"，赢得了极高的转发数和评论数。

（三）政务微博行为识别系统

政务微博行为识别系统是指在运营理念指导下区别于其他政务微博的制度规范、运营人员的言行活动和对外发布的活动，包括日常信息发布、与民互动交流以及危机事件应对等。

出色的政务微博不仅需要科学的运营制度，还需要一支纪律严密、技能扎实的运营团队。比如在"上海发布"办公室中，共有 9 名成员：2 名来自市政府综合处、应急处，4 名来自媒体，3 名来自新闻办。[①] 在信息发布过程中，"上海发布"的每条微博都要经过编辑的反复审核，重大或突发事件的发布需要经过团队讨论。因此，"上海发布"的微博内容整体质量很高，具有权威性、可信性和导向性。

在日常信息发布与交流互动方面，政务微博应该尽量摆脱公文式、官味儿浓的话语，而采用亲民化、人性化的语言（如正面的网络流行语或方言），来拉近与公众之间的距离。同时，信息中还可以穿插一些可爱的表情图，使语言更形象、更诙谐。"外交小灵通"作为外交部公共外交办公室的官方微博，信息发布的方式深得民心，甚至赢得了外号为"通心粉"的粉丝群的厚爱。

---

① 包塞：《"@上海发布"咋吸引千万"粉丝"》，《人民日报》，2012 年 4 月 17 日。

在遇到重大活动或突发性事件时，政务微博应第一时间核实消息、发布信息、澄清谣言，并以诚恳的态度平等地与民对话沟通，提高网友对于政务微博的信任感和认同感。例如，2013 年 6 月底，最高人民法院院长周强在全国法院微博群建设推进会上做出重要批示，要求各级法院主要领导要亲自关心和过问法院微博建设工作，这极大推动了我国法院微博强劲的发展势头。同年 8 月 22 日，济南中院微博直播薄熙来案创造数亿人围观庭审的历史一刻；在全国关注的曾成杰案中，最高人民法院发布的刑事裁定书被转评超过 7 000 次，而就曾成杰案连续 9 条"答记者问"的微博同样也备受关注，实现了与媒体以及网友间的积极互动，将信息公开与司法解释同步进行。有网友评论说："曾成杰案体现出我国法院严厉打击严重侵犯公民财产权犯罪的决心和信心，把裁判文书公开也是彰显司法公信的好方法。"①

四、结语

政务微博作为一种新型媒体，有其独特的传播规律。它不仅给党政机构有关人员的新媒体技术运用带来了挑战，更对其传播观念造成了巨大冲击。在自媒体时代，传统政府主导下的传播格局受到了前所未有的挑战。政务微博的开通，意味着党政机构作为传播主体要与其他机构、草根大 V 等展开同台竞技，这就需要学习一切先进有效的传播经验，以促进与公众、媒体的沟通，提升党政机构传播力，塑造公信力，改善形象。品牌塑造的相关理论就是宝贵的理论资源，值得政务微博运营者借鉴。

（原载于《新闻与写作》2014 年第 6 期）

---

① 人民网舆情监测室：《2013 年新浪政务微博报告》，人民网，http://yuqing.people.com.cn/n/2013/1226/c210118 - 23952286.htm，2013 年 12 月 26 日。

舆情传播篇

…… ……

偏向与隐喻

——论民粹主义舆论的原型叙事

汤景泰

近年来，民粹主义思潮在我国舆论中持续发挥着广泛的影响力，引发了研究者的关注。对于民粹主义的内涵，正像其他重要的社会政治范畴一样，目前学界并没有确切的定义，因为从现实应用来看，民粹主义既是一种社会思潮，又是一种社会运动，还是一种政治策略。虽然民粹主义的基本理论主张比较复杂，但"作为一种社会思潮，民粹主义的基本含义是它的极端平民化倾向，即极端强调平民群众的价值和理想，把平民化和大众化作为所有政治运动和政治制度合法性的最终来源，以此来评判社会历史的发展。它反对精英主义，忽视或者极端否定政治精英在社会历史发展中的重要作用"①。以此为分析基点，近年来我国的众多舆论热点事件均表现出典型的民粹主义倾向，如杨佳案（2008）、哈尔滨警察打死人案（2008）、杭州"70码"事件（2009）、邓玉娇案（2009）、夏俊峰案（2009）、"缝肛门"事件（2010）、深圳"八毛门"事件（2011）、哈尔滨杀医案（2012）、吴英案（2012）、"走廊医生"事件（2014），以及持续多年的唐慧案（2006—2014）等。"民粹主义表达了来自社会底层的诉求，强调了对社会公平正义的关注，具有合理性，但由于它利用极端的、偏激的，甚至暴力性的语言对社会转型中出现的问题和矛盾进行非理性表达，加剧了不同群体之间的对抗，激化了不同阶层之间的不信任和仇视，在客观上造成了激化社会矛盾、分裂社会的后果。"② 不仅如此，由于网络行动组织的便捷性，民粹主义舆论的影响已经由网上进入网下，对公共决策造成强烈冲击。例如，各地频频发生的群体性事件，均闪现出民粹主义

---

① 俞可平：《现代化进程中的民粹主义》，《战略与管理》2007年第1期，第89页。
② 陈尧：《网络民粹主义的躁动：从虚拟集聚到社会运动》，《学术月刊》2011年第6期，第27页。

的身影。而在境外，这种冲击表现得更为明显。例如，西亚北非地区的"阿拉伯之春"运动，美国的"占领华尔街"运动，欧洲议会选举中极右翼政治势力的异军突起，都显示出民粹主义不容小觑的影响力。① 可以说，民粹主义舆论及其引发的社会对抗运动对当今社会治理构成了严峻挑战。在这一社会背景下，探讨民粹主义何以能够形成如此强大的舆论影响力及其对社会大众的作用机制具有重要价值。

一、研究述评

一些学者认为，民粹主义舆论源于社会不平等、不公正引发的文化政治对抗心理，而根本的心理根源则是"力比多"释放。② 从社会现实与文化心理的角度剖析民粹主义舆论的形成，有助于揭示民粹主义滋生的历史与现实土壤。不过，社会不公却不会自动生成民粹主义舆论。私有制形成以后，社会不公便如影随形。但民粹主义却迟至 19 世纪下半叶方在北美和东欧兴起。另外，当前研究舆论中的民粹主义倾向，往往附上"网络"一词加以限定，其实舆论若要产生广泛影响力，绝离不开传统媒体的推波助澜。在网络公共事件中，网民若要取得对强权的胜利，则必然离不开传统媒体的支持。③ 因此可以说，民粹主义舆论是在社会现实与文化心理的基础上，通过各类传播媒介，调用各种力量综合建构的结果。已有研究者认识到这种建构的复杂性，并以话语分析为切入口，总结了民粹主义的"话语强占"策略，认为网络民粹主义通过扣帽子、散布假消息、谩骂、渲染、人肉搜索、限制不同声音等策略，达到对舆论的控制。④ "话语强占"策略的提出，分析了民粹主义舆论的话语建构过程。但话语仅是叙事的一个维度，在民粹主义舆论的建构过程中，从故事及其叙述层面进行的探讨仍有待深入。事实上，民粹主义舆论每一次的爆发，都起源于一个颇具悲情色彩的新闻故事。正是围绕这样一个故事，公众被吸引、被激怒或被感动，继而形成意见共振。舆论是个体意见表达基础上形成的群体情绪与意见的

---

① 王义桅:《透视"政治大秀场"上的民粹主义》,《人民日报》, 2014 年 8 月 12 日。
② 陈龙:《Web 2.0 时代"草根传播"的民粹主义倾向》,《国际新闻界》2009 年第 8 期。
③ 李良荣、徐晓东:《互联网与民粹主义流行——新传播革命系列研究之三》,《现代传播》2012 年第 5 期。
④ 陈龙:《话语强占：网络民粹主义的传播实践》,《国际新闻界》2011 年第 10 期, 第 17 页。

传播，所以一个合适的新闻故事，不仅是民粹主义舆论形成的导火索，还是其发展演化过程中的发酵粉和黏合剂。而在现代社会，"正是新闻这种叙事形态的文本，比其他叙事方式更有力地通过无形的积累与无时无刻不在的流程，巩固着或改变着人们的观念，影响着人们的情绪，也反映着社会的脉搏"①。因此，要想深入了解民粹主义舆论的建构机制，在话语研究之外，还需要继续深化对民粹主义舆论的叙事学研究。

在叙事学视角下，有两个关注焦点：一是叙述的内容，即故事；二是叙述的方式，即故事被讲述的方式。综合近年来的民粹主义舆论样态，一种模式化的方式引人注目。"网络民粹主义的话语，经过近几年的发展，已经形成套路化、模式化的特点，即每次有事件发生，都可以归结到用某种特定的话语结构、话语逻辑如反腐败、反贫富差距等加以解释。"这种模式化的操作模式并非仅限于话语建构中，在民粹主义舆论表现明显的热点事件中，总能发现类似的人物、主题与情感风格。这种模式化其实是新闻叙事模式的自然延伸。根据框架理论，基于特定的价值观，新闻生产者与新闻受众形成了一定的认知模式和视野框架，使得他们在观照某一新闻事实时，会遵循某种框架模式。也就是说，新闻生产者与新闻受众会把自己所认知到的社会图景内在化，成为判断新闻的一种认知模式，而这种认知模式又会反过来左右新闻叙事，民粹主义思潮的作用正在于形成这种认知框架。

在当下的社会语境下，由于互联网的传播偏向，民粹主义思潮的这种框架作用得到了前所未有的强化。所谓偏向（bias），即媒介传播中倾向于或侧重于某一方面，具有一定规律性的偏重。哈罗德·伊尼斯（Harold A. Innis）认为，媒介的物理特性决定其偏向时间或空间，特定的偏向催生新的文化，偏向及其局限性使得这种文化形成特定群体的权力垄断。基于互联网产生的各类新媒体应用让普通大众获得了更多的话语权，由此给民粹主义的滋生提供了更肥沃的土壤，从而直接影响新闻事实的建构，改编成适合民粹主义口味的新闻叙事成为互联网传播偏向的集中体现。具体来看，在民粹主义舆论中，这主要体现为三种模式，即英雄叙事、悲情叙事与复仇叙事。

---

① 陈力丹：《新闻叙事学·序》，北京：中国广播电视出版社，2005年，第1页。

二、民粹主义舆论的叙事模式

（一）英雄叙事

任何叙事都离不开人物这样一个核心。在民粹主义舆论的叙事模式中，其人物塑造习惯于采取英雄叙事策略，即把新闻主角塑造成一个草根英雄。这种倾向与民粹主义的价值观关系密切。基于这种极端崇拜，民粹主义舆论在众多热点公共事件中，倾向于塑造草根出身的人民"英雄"。例如，2008 年 7 月的杨佳袭警案是导致六名警员死亡、四名警员和一名保安受伤的重大袭警刑事案件。案发之后，杨佳在不少人眼里是位"义士""大侠"，有不少人公开反对判处杨佳死刑甚至主张他无罪。由此杨佳被塑造为当代的"梁山好汉"，一位"该出手时就出手的英雄"。与此类似的还有 2012 年的吴英案。在法律学者刘练军看来，"因集资诈骗被判死刑的，吴英不是第一个更不是最后一个，但民粹主义借助微博自媒体硬是把吴英炒作成一位争取金融自由的'悲情英雄'"。

使用英雄叙事有着强烈的现实动因。"每个现代社会也都少不了叙事的基础建设，从国家节庆、博物馆、纪念碑，到传播叙事的新闻媒体。统治者需要以叙事表现来维系一个合法的传统。革命家则不但需要一个绝然不同的'叙事来启蒙群众，还需要一个方案来允诺解放'。"[①] 英雄便是这样一个解决方案的样板。因为英雄是人类社会中的卓尔不群者，是在一个国家、一个时代里能够做出多数人做不出的许多事情、走在多数人前面许多的人，他们作为先进力量的代表，体现着社会进步的要求，反映着时代发展的本质特征。

为了凸显"英雄"特质，民粹主义舆论在其"英雄"叙事中使用民粹主义的价值框架，凸显反抗价值，提纯"英雄"形象。从民粹主义青睐的"英雄"内涵来看，无一例外均具备"抗争"特质。例如，杨佳、吴英、夏俊峰、兰越峰等，均被视为"英勇无畏、反抗强权"的典型。更重要的是，为了让这些"英雄"的形象更加纯粹、感人，民粹主义的"英雄"叙事还以春秋笔法，隐瞒或者故意忽略某些事实，从而达到为尊者讳的目的，实现"英雄"的"提纯"和"净化"。例如在唐慧案中，2012 年 7 月以来，有关唐慧案的舆论呈一

---

① 聂庆璞：《网络叙事学》，北京：中国文联出版社，2004 年，第 6 页。

面倒的态势，几乎每一位网络大 V 都为这位"上访妈妈"鸣冤陈情，大大小小的市场化媒体都进行过声援，甚至一些权威官媒也都曾持续赞美唐慧的执着。但在唐慧案宣判之后，在舆论为唐慧欢呼时，2013 年 8 月《南方周末》却刊发报道剥去了"伟大母亲"身上的光环，指控她通过编造谎言、捏造事实来赚取同情，在舆论的簇拥下变得越发偏执。网络大 V"御史在途"也指出，"她绝对不是一个'伟大母亲'"；"一个坐拥近百万捐助款，丈夫被安排在卷烟厂上班的人，在全国人民都关注的情况下，还说她全家靠低保度日，没钱坐车和住旅社"。这些此前被众多媒体忽略的事实发布之后，唐慧作为"英雄母亲"的形象顿时土崩瓦解。

除此之外，这些民粹主义塑造出来的"英雄"所造成的危害一般也会被无视和忽略。在杨佳案中，遇难警察个人和家庭的悲剧被忽略了，甚至还被斥为"警察无能"。在吴英集资诈骗案中，多少人被非法集资害得家破人亡，却也难以成为舆论议题。在夏俊峰案中，夏俊峰留下的孤儿寡母得到了更多的舆论聚焦，但被刺死的两名城管却少有人问津。

（二）悲情叙事

情感在舆论传播中具有举足轻重的作用。特别是在社会抗争中，情感动员可以把单纯的看客转化为紧密团结的集体行动者，使原本极为分散的个体在思维和行动上保持高度一致，而愤怒、同情和戏谑就是公众情感共鸣的最佳催化剂。[①] 从叙事的情感策略上看，民粹主义舆论习惯于采用悲情叙事，即把悲情作为叙事核心，使之成为文本的主导情感基调和风格，让新闻主角成为悲情表达的符号。具体来看，主要有以下两种操作模式：

（1）悲情叙事惯于把新闻故事中的主角定位为一个弱者、受害者，通过其悲剧性命运形成叙事张力，并通过情感注入和内视角的运用，唤起读者的悲剧性体验。以个体的悲剧性命运为样本，深入反思背后的社会体制和机制问题，本是有价值的深度报道模式，但民粹主义舆论对这种模式的应用较为极端化、简单化，即完全忽略个人所应背负的法律或道德责任，一股脑地归罪于社会、体制，或者引导读者消费一个真实的悲剧性命运，唤起的只是一种廉价的、暂时的同情，而没有从个体与社会的互动中，去分析其中的复杂之处。例如，有媒体就指出："杨佳被捕后，大多媒体不约而同地从理解杨佳的角度出发报道该事件。对于杀人者

---

① 杨国斌：《悲情与戏谑：网络事件中的情感动员》，《传播与社会学刊》2009 年第 9 期。

杨佳，媒体从他的成长档案中发现可能致使他心理郁结的缘由，从他与民警的多次纠纷中搜寻民警们对杨佳不恰当的举动，人们愿意相信这个 28 岁的青年有着他的身不由己，愿意相信他的暴力是积累已久的忍无可忍之后的爆发。"与此类似的事件一再发生。在 2011 年 5 月 26 日发生的抚州连环爆炸案中，部分舆论将钱明奇"赞"作"烈士""死士"，认为他抱炸药包炸国家机关的行为是"无路可走"之后的"无奈"选择。2013 年 6 月，厦门发生公交车纵火案，在认定犯罪嫌疑人为陈水总后，一些媒体刊发了关于陈水总人生轨迹的报道，并由此引发了一场关于这类报道是否同情纵火嫌疑人陈水总并造成"示范"效应的讨论。

细读相关文本，从叙事视角来看，这类报道较多采用了内视角来还原嫌疑人的心路历程。相对于全知全能的外视角，曾庆香认为"内视角可以对人物的言行、心理做再现式的细致描摹，叙述者充分尊重对象的主体性，具有较强的感染力，但往往具有一定的主观性、偏见和感情色彩"[1]。内视角的采用，是悲情叙事中的关键。但这种悲情叙事让感情淹没了反思，让廉价的同情挤压了深入的批评，忽略了暴力行为带来的严重社会伤害，转移了法律问题的定性，掩盖了社会矛盾的本质，更在潜移默化中误导公众对极端行为施以同情。

（2）除了通过对个体悲剧性命运的挖掘来抒写个人化悲情之外，悲情叙事还惯于通过对社会压迫的夸张甚至虚构，营造出社会悲情。社会压迫是民粹主义在社会关系认知上的典型特征。民粹主义秉承的是典型的二元对立思维。具体到社会关系的认知上，就是把社会阶层划分为平民（民）与精英（官），并把二者的关系绝对对立化，即把两者关系定位为压迫者与被压迫者。因此，保罗·塔格特（Paul Taggart）指出："对社会集团的妖魔化，特别是对精英的憎恶使民粹主义者树立了政敌，但这也正是其构建自身的一个重要部分。……更为重要的是，民粹主义者有这样的倾向，他们通常站在自己所排斥、厌恶的社会集团的对立面上来描述自身。民粹主义者的言语中充满了对头脑敏锐的知识分子、官僚、雇佣文人、财主、强盗头领、披头士和财阀的诋毁。"[2] 通过对社会压迫关系的绝对化与普遍化，民粹主义叙事确立了整个平民群体的弱势地位和被压迫的悲惨命运。近年来，在一些地方发生的反化工、反垃圾焚烧等事件中，这种模式被频频运用。在这些事件中，公众反对项目落地，反映了严重的环保焦虑，以及争取信息公开化和决策民主化的诉求。但也应当注意到，其中

---

① 曾庆香：《新闻叙事学》，北京：中国广播电视出版社，2005 年，第 130 页。

② ［英］保罗·塔格特著，袁明旭译：《民粹主义》，长春：吉林人民出版社，2005 年，第 127 页。

大多数项目已被妖魔化，而妖魔化的目的就在于营造出一种社会悲情。例如，在茂名反PX（对二甲苯）事件中，出现了一场PX词条保卫战。有些用户将百度百科词条中PX毒性由"低毒"改成"剧毒"，而清华大学化工系学生近10人昼夜自发捍卫PX低毒属性这一科学常识，PX词条6天内被反复修改达36次。把PX毒性修改为剧毒，一大作用在于营造当地公众被"毒害"的社会悲情。

无论是个体悲情还是社会悲情，其核心都是一种受害者心态。因此，悲情叙事使用中的一大关键是摒弃复杂的利益博弈分析，而把单一的受害关系作为叙事核心。例如，四川什邡的反钼铜项目，除了公众的环保焦虑，背后还有当地食品企业的利益之争。但在事件爆发之初的群情激愤中，这些背后隐藏的复杂的利益博弈也被忽略。

悲情叙事容易激发公众同情，并自然挟裹了强大的道德力量，造成广泛的社会动员，容易形成舆论压力。在杨佳案、"缝肛门"事件、深圳"八毛门"事件、唐慧案等热点案例中，新闻主角的不幸迅速激起了公众的同情心，由此形成的典型舆论审判几乎无坚不摧。例如在唐慧案中，唐慧坚持为女儿上访多年，被舆论亲切地称为"上访妈妈"，"成为中国民众追求法治公平的标志性悲情人物，更被视作借此推翻中国劳教制度的突破口。经由媒体报道和网络号召，数以亿计的支持者站在她的身后，为她未成年女儿乐乐遭强奸并强迫卖淫的苦难而感同身受，为她因不满法院判决故连年上访却被处以劳教而打抱不平"。

（三）复仇叙事

民粹主义对受害和社会压迫的突出与强调，使得"从历史经验上看，民粹主义首先是一种仇恨情结"。因为这种仇恨情结，从叙事主题上来看，民粹主义舆论还常常带有明显的复仇叙事倾向，即其叙事核心围绕一个复仇故事来展开，或者其主旨是召唤复仇。因此，所有民粹主义舆论的激发点都是一个"恃强凌弱"的故事。复仇本是人类的一种天性，在文明社会，受法治制度与文化的规限，复仇冲动被纳入法治轨道。但从民粹主义舆论热衷的热点事件来看，却具有典型的法外复仇倾向。杨佳案、夏俊峰案、哈尔滨杀医案、邓玉娇案均是典型的个人复仇，唐慧案、药家鑫案、"我爸是李刚"事件等实质是激发公众的道德感，形成社会舆论压力，属于期待外力行侠仗义。

在法治社会，对法外复仇的推崇面临的一大难题是复仇的合法性。民粹主义舆论的解决策略是延续前述悲情叙事的理路，通过把社会压迫绝对化，把法治问题转换为道德问题，奠定"弱者即正义"的逻辑，为法外复仇赋予道德合法性，使其看起来可能虽不合法但合情合理。从具体的操作过程来看，在民粹主义二元对立思维的支配下，复杂的新闻事实一般会简化成单纯的"恃强凌弱"的故事。这样通过"标签化""脸谱化"的方法，涉事双方就被划分为强弱两方，由此也被贴上正义与非正义的标签，成为不可调和的敌对关系。在深圳"缝肛门"事件中，官方组织的专家调查意见基本没有发挥权威作用，反而招致媒体和家属的持续质疑，结果在未论青红皂白的情况下，产妇一方面因其弱势群体的地位，被想当然地视为正义一方，涉事医院和相关医护人员则成了"白脸"。这样，本来一起普通的医疗纠纷，却形成弱势群体被欺压的观感。这种操作手法在多起热点事件中被频繁运用。在"我爸是李刚"事件中，"我爸是李刚"这一句之所以广为流传，原因就在于这样一个细节典型地体现出了所谓"官二代"的飞扬跋扈。而在有些案例中，为了符合这套民粹主义式的复仇叙事模式，一些当事者甚至故意捕风捉影伪造事实，散布谣言，虚构被压迫的事实。例如药家鑫案中，被告人代理律师就在网络上散布药家鑫家庭有军方背景，称其为"军二代"。此后，这一说法被证明并非事实。但这样一种身份地位的说辞，却成功激发了舆论对药家的仇恨情绪。可以说，在民粹主义倾向突出的热点公共事件中，主题都有一个核心关键词："压迫"。也正是把这种绝对的社会压迫作为叙事背景，"弱者即正义"的逻辑才变得顺理成章。在这种逻辑中，弱者的复仇占据了道德高地，具有了正义性。由于过分强调伦理价值，致使复仇所带有的部分正义动机被夸大到了不切实际的程度，使这种正义性掩盖了其不法实质，法治被迫让位给了道德。在这种逻辑支配下，药家鑫案、"我爸是李刚"事件、杭州"70 码"事件等引发的舆论热议中，经常出现"不杀不足以平民愤"等道德性义愤，但法律意义上的公平和正义却被抛诸脑后。

不仅如此，在二元对立思维框架下，由于民粹主义舆论把社会压迫绝对化，使得复仇对象指向了社会精英。从这里可以看出民粹主义舆论真正的问题所在，即它在潜移默化中传播的其实是社会阶层间的敌视和仇恨。这种负性心理是民粹主义思想理路的一个自然延伸，因为对民众近乎非理智的重视的后果就是对精英的极端蔑视与贬低。俞可平指出："民粹主义抹杀精英人物在历史进程中的应有作用，它强调对大众情绪和意愿的绝对顺从，哪怕这种情绪和意愿从长远看明显不利于社会进步时也坚持这种极端平民化的主张。"

三、原型叙事

在民粹主义舆论中，英雄叙事、悲情叙事与复仇叙事模式具有原型叙事的意义。在叙事学中，一种意象的反复出现即可以名之为"原型"（archetype）。被视为原型批评权威的加拿大批评家弗莱（Northrop Frye）认为，原型就是"典型的或反复出现的意象"①。精神分析学家荣格（Carl G. Jung）也认为，原始意象即原型——无论是神怪，是人，还是一个过程——都总是在历史进程中反复出现的一个形象。在民粹主义舆论的建构过程中，英雄叙事、悲情叙事与复仇叙事并非新的创造，而是历史的回响。在我国古代，由于帝王专制历史悠久，地主与农民的冲突既深且巨。在文艺与戏曲中，反映草根英雄反抗社会压迫的悲剧故事源远流长。其中流传最广的，当属被誉为"四大名著"之一的《水浒传》。书中通过描写一百单八将的英雄人物，指向了"官逼民反"的核心主题。而基于意识形态宣传的需要，我国在相当长的时间里大规模地宣传阶级压迫，以《白毛女》等为代表的一批诉苦曲艺作品，以个体冤屈反映阶级仇恨，成为悲情叙事的典范。另外，其中塑造的喜儿、杨白劳等受压迫群众的典型，更进一步强化了对弱势群体"复仇"这一原型的体认。因此，在民粹主义舆论中，英雄叙事、悲情叙事与复仇叙事的反复出现，是对传统和历史的呼应，其实质是一种原型叙事。

使用这种原型叙事策略，给民粹主义舆论提供了巨大的支持。原型是集体无意识的显现，可以对公众产生广泛的影响力。集体无意识是精神分析学派的创始人弗洛伊德（Sigmund Freud）提出的概念，指的是人类长期积累的普遍性心理经验，它沉淀在每一个人的无意识深处，其内容不是个人的，而是集体的、普遍的，是历史在"种族记忆"中的投影，因而叫集体无意识。作为集体无意识的体现，原型由于凝聚了社会群体长期积累的巨大心理能量，其情感内容远比个人心理经验强烈、深刻得多，足可以震撼整个群体内心的最深处。所以荣格说："一种原型的力量，无论是采取直接体验的形式还是通过叙述语言表达出来，之所以能激动我们是因为它发出了比我们自己的声音强烈得多的声音。谁讲到了原始意象谁就道出了 1 000 个人的声音，可以使人心醉神迷，为之倾倒。这便是伟大艺术的奥秘，是它对我们产生影响的秘密。"② 在引发民粹主义舆论的叙事中，一种模式反复出现，却并不被人所厌弃，反而成功吸引了更大规模的关注，引起了大规模社会群体的共鸣，原因之一正在于它是历史"原型"的回响与再现。这些故事一次次唤醒了国人对于英雄、社会压迫与复仇的集体记

① FRYE N. Anatomy of criticism. Princeton：Princeton University Press，1957：99.
② ［瑞士］卡尔·荣格：《论分析心理学与诗的关系》，［美］亚当斯、瑟尔主编：《柏拉图以来的批评理论》（第3版），北京：北京大学出版社，2006年，第818页。

忆，催生了社会悲情。可以说，民粹主义舆论能够吸引数量众多、阶层广泛的公众参与其中，并成功调动起社会情绪，与原型叙事策略密不可分。

此外，由于有人们早就烂熟于心的故事模板做参照，因此采用原型叙事策略还可以给公众提供毫无疑义的认知与行动框架，操纵人们的认知、判断与行动，由此迅速催生社会共识，同时又可以进行广泛的社会动员。在民粹主义舆论的形成过程中，正是依赖这种原型叙事，公众才能轻轻松松就对是非曲直做出判断，并迅速动员起来声援他们认为的弱势群体，反对强势群体。因此，在杨佳案中，由于杨佳杀警被视为现代版的"逼上梁山"，他的这种非法行为也就被赋予了"合法性"，在舆论中收获了颇多声援。而在2010年的一系列杀童案中，基于同样的模式，一些媒体竟把这些惨案简单归咎于社会的不公，甚至对施暴者不予谴责反抱同情。更让人震惊的是，在哈尔滨杀医案发生后进行了一项网络调查，在参与调查的6 161人中，选择"高兴"的居然高达4 018人。

从这个角度来说，当代勃兴的民粹主义舆论其实是历史仇恨的种子在现实社会的土壤上开出的一朵恶之花。而把历史拉入现实，正是原型叙事隐喻功能的体现。隐喻并不只是一种修辞手法。以认知语言学的视阈来看，隐喻是一种认知现象，"从一个认知域投射到另一个认知域"①，这个投射的过程以事物之间相似性的联想作为心理基础，是人将其某一领域的经验用来说明或理解另一类领域的经验的一种认知活动。通过隐喻，固然可以用历史的经验智慧观照现实，但也会造成遮蔽。因为"隐喻选择性地使用某些概念，他们在使喻体与本体相联结时，往往彰显具有两者之间的共同性，而隐藏本体其他的特性"，而且"经常遮盖某些概念或价值"。在民粹主义舆论中，这种遮蔽表现非常明显。在原型叙事中，复仇的原型被引入到对当下现实的认知中，这种阶层二元对立的认知框架无疑会把当代社会转型中的复杂关系简单化，而且绝对对立化。这对于社会共识的形成其实是一大阻碍，同时这也说明走民粹主义式的道路，难以通向真正的社会公平正义。

四、结语

本文基于叙事学理论，以对近年来我国热点舆情事件的文本分析为基础，探讨了我国民粹主义舆论的建构过程。研究发现，借助互联网的传播偏向，民

---

① LAKOFF G, JOHNSON M. Metaphors we live by. Chicago：University of Chicago Press，1980.

粹主义直接影响新闻事实的建构，形成三种典型的叙事模式，即把草根群众神圣化的英雄叙事、把悲情作为叙事动力的悲情叙事与召唤弱势群体向精英复仇的复仇叙事。在这三种叙事模式中，民粹主义都充分利用了中国传统历史与文化资源中一再出现的意象，从而具有原型叙事的意义。不过这三种叙事模式的关系较为松散，有时是两种或三种熔为一炉，有时又是各自发挥作用。例如，杨佳案、哈尔滨杀医案、夏俊峰案、唐慧案中，三种模式均有显著表现；而在药家鑫案、"我爸是李刚"事件、杭州"70码"事件、深圳"八毛门"事件中，因事主没有明显的抗争行为，则英雄叙事无法运用，而主要体现为悲情叙事与复仇叙事的交织。在三种叙事模式分析的基础上，本文还通过集体无意识、框架与隐喻三个维度分析了民粹主义舆论中的原型叙事对公众的作用机制，由此进一步研究了民粹主义舆论的建构与作用机制。通过文本分析，发现在我国民粹主义舆论的建构过程中不乏众多主流媒体的声音，而在民粹主义的立场基点上，不少主流媒体舆论和民间舆论却取得了共识，其中原因需要进一步研究。

参考文献

［1］徐达内：《媒体札记：唐慧与法治》，FT 中文网，http://www.ftchinese.com/story/001051779?full=y，2013 年 8 月 2 日。

［2］徐达内：《媒体札记：可怜可恨陈水总》，FT 中文网，http://www.ftchinese.com/story/001050855?full=y，2013 年。

［3］严定非：《什邡后遗症："这是整个国家的困惑"》，http://www.infzm.com/content/105194，2014 年 10 月 30 日。

［4］李康宁：《为行刺医生叫好是可怕的"社会病"》，新华网，http://news.xinhuanet.com/comments/2012－03/28/c_111712284.htm，2012 年 3 月 28 日。

［5］《从付成励弑师等看舆论"绑架"：同情弱者，仇权心理》，中江网，http://news.jschina.com.cn/focus/200904/t11721_1.shtml，2009 年 9 月 4 日。

［6］刘练军：《民粹主义司法》，《法律科学》2013 年第 1 期。

［7］张玉佩：《当认同遇到隐喻》，《新闻学研究》2000 年第 64 期。

［8］李良荣：《警惕网络民粹主义"暴力"》，《人民论坛》2015 年第 1 期。

（原载于《国际新闻界》2015 年第 3 期）

情感动员与话语协同

——新媒体事件中的行动逻辑

汤景泰

近年来，随着社交媒体的普及化发展，媒介化社会发展到了"泛媒体"状态。在这样一个一切皆媒体的时代，出现了明显的"信息过剩但注意力稀缺"的问题，因而如何利用社交媒体传播规律，在更短的时间内收获更多的"粉丝"，进而获得更大的商业利益，成为新媒体运营中的主导逻辑，并由此导致当下的媒体竞争空前激烈。在这一背景下，精心选择热点事件，抓住网民心理"痛点"，从而引发大规模的社交媒体分享行为，进而制造社会热点话题的方式极为流行。对此，有学者称之为"新媒体事件"[①]。近年来的热点事件，如"上海姑娘逃离江西农村""盛世蝼蚁"等，均为新媒体事件的典型。对于这一现象，有学者从网络炒作、网络推手等角度，进行了深入考察，对其形成条件、演变历史、运作模式及甄别方法进行了探讨。但相关研究成果还多停留在对Web 1.0时代基于论坛、网站等媒介载体的分析，对于微信、知识分享社区和笔记类分享应用等新的网络应用环境下的分析仍然较为薄弱。新媒体事件的现象特征是大量网民围绕某一热点话题的聚合，而其本质特征则是大规模网民的集体行动。因此，从社会运动与集体行动理论方面切入的研究也相对丰富。研究者基于网络的匿名性、非理性和无明显的组织特征，视之为一种非理性的群体性行为，往往称之为网络群体性事件（mass incidents in cyberspace）、网络集群行为（crowd behavior）、网络集体行为（collective behavior）等。如杜骏飞等将之命名为网络集群行为，即"一定数量的、无组织的网络群体，围绕特定的现实主题，在一定诱发因素的刺激下产生的，以意见的强化与汇聚为特征的，具有现实影响力的网民聚集"[②]。这一概念反映出作者敏锐地注意到了网民基于共同意见的群体互动这一本质问题。对于陌生网民之间如此大规模的跨地域网

---

① 邱林川、陈韬文：《新媒体事件研究》，北京：中国人民大学出版社，2011年。

② 杜骏飞、魏娟：《网络集群的政治社会学：本质、类型与效用》，《东南大学学报》2010年第1期。

上聚集，其动员机制是一个值得深入探讨的问题。对此，又有学者从情感动员的视角进行了相关研究。如韦特格伦（A. Wettergren）对网民利用讽刺漫画等手段制造幽默滑稽的情感效果开展抗议活动进行了研究。[①] 杨国斌更进一步探讨了悲情与戏谑在网络事件中的动员效果，认为"网络事件的发生，是一个情感动员的过程"[②]。情感动员的研究解释了新媒体事件何以动员大规模非直接利益相关者的问题，说明了集体行动中的情感不是简单的资源或工具，而是抗争的动力，并且集体行动有其独特的情感逻辑。但这一理论模型仍然没有解释的问题是，在新媒体事件中，情感是通过什么方式和机制在大规模的网民中进行动员的？基于这种情感动员，又形成了何种不同于网下的集体行动逻辑？这些问题都值得我们进行深入探讨。

一、新媒体事件中的情感动员

通过对近年来典型网络炒作案例的分析，悲情、戏谑与恐惧是对网民进行情感动员的主要手段。基于不同的情感内核，各类新媒体事件在话题选择、话语表达和叙事模式上形成了不同的操作模式。

（一）悲情动员

所谓悲情动员，从叙事策略上看，是把悲情作为情感动员的核心，并使之成为文本的主导情感基调和风格，让新闻主角成为悲情表达的符号。具体来看，主要有两种操作模式：

第一种模式是个体化的悲情动员，即把新闻故事中的主角定位为一个弱者、受害者，通过其悲剧性命运形成叙事张力，并通过情感注入和内视角的运用，唤起读者的悲剧性体验，从而诱发情感共鸣。以个体的悲剧性命运为样本，深入反思背后的社会体制和机制问题，本是有价值的深度报道模式。但在新媒体事件形成过程中，对这种模式的应用一般较为极端化、简单化，即完全忽略个人所应背负的法律或道德责任，一股脑地归罪于社会、体制；或者引导读者消

---

① WETTERGREN A. Fun and laughter: culture jamming and the emotional regime of late capitalism. Social movement studies, 2009, 8（1）: 1-15.

② 杨国斌：《悲情与戏谑：网络事件中的情感动员》，《传播与社会学刊》2009年第9期，第39-66页。

费一个真实的悲剧性命运，唤起的只是一种廉价的、暂时的同情，而没有从个体与社会的互动中去剖析其背后的复杂问题。例如在"盛世蝼蚁"事件中，杨改兰一家的悲剧是个体性格、群体压力与社会扶贫机制等多方面因素综合作用的结果，但《盛世中的蝼蚁》一文则将悲剧根源直接归因于贫穷与社会制度，同时联系"拉古迪亚的拷问"和南京"偷鸡腿妈妈"两个案例，分析了社会如何对待弱势群体的问题。从主旨上来看，该文站在保护弱势群体利益的立场上，具有浓烈的社会责任感和人文关怀精神；但从逻辑来看，该文在根本不清楚杨改兰杀子真正原因的前提下，就将这样一个刑事问题直接用社会道德框架进行改写，存在着明显的逻辑漏洞。但是由于该文充斥着浓烈的对底层社会的同情以及对社会不公的控诉，获得了部分中产对于底层群众生活状态的"想象性认同"，直接调动了网民最敏感的情绪，受到了广泛的追捧。

在营造个体悲情的基础之上，悲情动员还惯于升华渲染，通过对社会压迫的夸张甚至虚构，营造出社会悲情，这是第二种模式。这一点与当前网络上民粹主义思潮的流行关系密切。民粹主义秉承的是典型的二元对立思维。具体到社会关系的认知上，就是把社会阶层划分为精英（官）与平民（民），并把二者的关系绝对对立化，即把两者关系定位为压迫者与被压迫者。通过对社会压迫关系的绝对化与普遍化，在民粹主义思潮的支配下，悲情动员主要渲染的就是整个平民群体的弱势地位和被压迫的命运。从具体的操作过程来看，复杂的新闻事实一般会简化成单纯的"恃强凌弱"故事。这样通过"标签化""脸谱化"的方法，涉事双方就被划分为强弱两方，由此也被贴上正义与非正义的标签，成为不可调和的敌对关系，从而进一步强化了社会悲情。

（二）戏谑式解构

在新媒体事件中，利用网民娱乐心态，通过各种网络传播新方式，以娱乐的形式进行的戏谑式动员也很普遍。一些网民与自媒体账号大量使用 PS 图、网络造句、网络行为艺术、表情包等方式，以戏谑的方式炒作网络热点，并形成了一种独特的网络集体行动。在这种意义上，新媒体事件融合了娱乐与抗争的双重意味。

从内在特质来看，这种网络炒作首先带有鲜明的娱乐属性。这种娱乐性典型体现在其表达方式上。如 PS 图及恶搞视频往往借用大众所熟悉的明星形象、表情或漫画，通过再创作营造出强烈的戏剧张力，生动诙谐，让人忍俊不禁。

其次，这种网络炒作带有直接的抗争功能。在《弱者的武器》一书中，斯科特指出，反抗不仅包括行为方面的，也包括思想和象征方面的。在网络热点事件中，通过多种话语形态的组合应用，不仅可以实施象征性抵抗，而且能够实现行为抗争。例如，某报头版报道"北京拉响雾霾红色预警"后，网民们用集体造句来调侃，一方面是搞笑好玩，但更重要的是表达对某种宣传方式的不满，从而实现"象征性抵抗"。由此，娱乐与抗争有机地融合在一起。在尼尔·波兹曼所痛惜的娱乐至死的时代，娱乐却反身一变，转而成为抗争的"武器"。调侃、讽刺等娱乐性方式一直以来都是个体表达对社会不满的重要方式，但极少上升为集体行动。然而在互联网中，却频繁形成大规模的网络集体行动。这种融娱乐与抗争为一体，以娱乐为"武器"的集体行动，在传统网下社会抗争中是极为少见的，我们可以称之为网络"娱乐式抗争"。

（三）恐惧诉求

"恐惧诉求"是广告创作中常用的一种传播策略，即试图通过唤起恐惧感，以促使预防动机和自我保护行为的出现。麦独孤在《社会心理学导论》中指出：恐惧的特点就是一旦被引发，就会比另外任何本能更容易使其他心理活动立刻停止，更易于把注意力牢牢固定在一个物体上，而不及其余。因此，对事物利害关系的强调可最大限度唤起人们的注意，促成他们对特定传播内容的接触和分享。基于这一心理机制，利用恐惧诉求绑架网民注意力，成为制造新媒体事件的重要方式。

从过程来看，对恐惧诉求的利用，主要通过"威胁—受众—恐惧—转发"机制来完成。在这个链式机制中，最重要的是其原点，即合适的威胁内容。从制造恐惧的领域来看，当下主要集中在人身安全与食品、药品、卫生安全等领域。如"和颐酒店女子遇袭"事件得到众多网络炒作者的青睐，原因是其切中女性人身安全问题；"打蜡苹果危害大"广泛传播，利用的是人们对于国内食品安全的不信任心理；而人们对过期疫苗的认知最终定位为"毒疫苗"，反映的也是对医疗卫生领域的怀疑与焦虑。不仅如此，为了提升恐惧制造的效果，媒体往往利用人们在碎片化阅读中形成的标题依赖感进行炒作，故意拟定耸人听闻的标题，形成"标题党"现象。例如在山东"未冷藏疫苗"事件中，部分报道还将"未冷藏疫苗"直接替换成"毒疫苗"，构成了"疫苗杀人"的媒介奇观。这种以"杀人"为卖点，并用"专家"来背书的做法隐藏着极大风险。

它放大了问题疫苗对于个体生命特别是儿童生命的威胁，继而触发了公众的本能恐惧，使得此后"问题疫苗"事件掉入了"恐惧诉求"的传播链条中。

对恐惧诉求的利用还在于受众在感受到威胁后对保护性措施的寻求。霍华德·利文撒尔（Howald Leventhal）提出的有关"恐惧诉求"的"平行反应模型"指出，受众一旦感受到因为"威胁"而引发的"恐惧"，便会想方设法消除这种不适情绪，继而会引发两种反应过程：一是"恐惧控制过程"，即受众通过否定威胁或者扭曲信息来降低恐惧感；二是"危险控制过程"，即受众选择以具体行为方式彻底消除恐惧。因此，在广告传播中，为了使"恐惧诉求"传播达到效果，传播主体在激发出受众的恐惧感外，紧接着会通过向受众推荐"保护性的措施"，以促使其寻求"安全状态"的信息。在网络炒作中，为了适应人们对保护性措施的寻求，要么是直接否认这种威胁的存在，从而形成所谓的"舆论反转"，要么会根据商业利益，提出解决办法。例如在山东"未冷藏疫苗"事件中，网络大 V"和菜头"的文章《每一个文盲都喜欢用"殇"字》，标榜冷冰冰的"理性"及语不惊人死不休的"高冷"，其实质是给受众提供一种"保护性措施"。一些商业机构顺势提供到境外注射疫苗的服务，采用的则是第二种办法。

二、新媒体事件中的话语协同

悲情、戏谑与恐惧是新媒体事件形成过程中的内在情感动力，而要形成新媒体事件，还需要在这些情感动力基础上产生外化的具体性行为。从行为方式上来看，由于除了使用黑客攻击等手段外，网络行动无法像网下的行动那样采取丰富多样的实际行动，而主要使用基于网络传播的各种符号系统进行以话语为主要武器的抗争。可以说，网络行动的核心是话语，网络行动的主要表现形式就是话语表达。作为影响集体行动的三大主要宏观结构因素之一，话语一直以来是切入社会运动研究的重要理论维度。[①] 因此，不研究网络行动话语的表达逻辑，就无法全面理解新媒体事件的过程逻辑。在新媒体事件中，众多网民通过各种话语形式自主参与的现象屡见不鲜。对此，克莱·舍基（Clay Shirky）早在 2009 年就指出，新媒体时代的组织特点是"无组织的组织"，即以传统标

①　赵鼎新：《社会与政治运动讲义》，北京：社会科学文献出版社，2012 年，第 23 页。

准来看,是无组织、非理性的,但其实际上是一种抛弃了传统组织外壳和动员方式的"自组织"。那么,在新媒体事件中网民是如何进行"自组织"的呢?其中的关键机制是情绪共振和情感共鸣,利用话语的模因(Meme)引起话语的模仿风潮,进而形成集体行动。

由 2016 年初"FB 表情包大战"的逐步演进可以发现,当事件发生后,民族主义的情绪表达与社会行动就会被激活,并通过链条式的扩散传播,形成特别的话语圈层,由此进一步形成了临时性的网络行动群体。而从碎片化的网络舆论表达上升为统一的网络话语集体行动的关键则在于网民话语的模因机制。模因是一个文化信息单位,与基因类似,基因通过遗传而繁衍,模因通过模仿而传播。① 从"FB 表情包大战"对表情包的使用来看,主要应用的是模因机制中的同构类推,即模仿已有的语言结构而复制出一种具有新内容的模因变体,类似于修辞学上的戏仿(parody)。从修辞模式来看,网络行动话语模因主要依赖的就是拼贴或戏仿。拼贴是一种即兴或改编的文化过程,客体、符号或行为由此被移植到不同的意义系统与文化背景之中,从而获得新的意味。网络抗争中的 PS 图、表情包、恶搞视频等都会大量使用拼贴。这种拼贴表面看来是无厘头式的任性而为,但其实颇有章法可循。恶搞视频、网络造句与网络行为艺术等形式使用的主要修辞手法是戏仿。戏仿,又称戏拟,即"戏谑的模仿",其基本内涵是通过戏谑模仿经典文本、话语,揭示被成规和禁忌遮蔽的另一副面孔,以颠覆传统、嘲弄权威。这都是强势模因,因其具有广阔的可复制潜力而具有强烈的社会语用效果。因此,在这种强势模因的主导下,众多网民的个性化复制形成一种话语传染的现象。当然,在众多新媒体事件中,更典型的是网民集体分享某篇文章,形成一种刷屏效果。这两种方式的共同应用,使得新媒体事件中的话语共性形成了一种视觉和思想上的集体话语行为,并由此使碎片化的表达上升为一种集体性的话语协同。

通过话语模因实现的大规模集体话语行动制造的"奇观"正投媒体所好。道格拉斯·凯尔纳(D. Kellner)将"那些能体现当代社会基本价值观、引导个人适应现代生活方式,并将当代社会中的冲突和解决方式戏剧化的媒体文化现象"定义为"媒体奇观"。② 在消费文化语境中,奇观逻辑是支配媒体议程的主要机制。众多网民接力模仿或分享转发所形成的话语奇观,是媒体难以忽略的

---

① 何自然、何雪林:《模因论与社会语用》,《现代外语》2003 年第 2 期。

② [美]道格拉斯·凯尔纳著,史安斌译:《媒体奇观:当代美国社会文化透视》,北京:清华大学出版社,2003 年,第 2 页。

报道素材。

不仅如此，通过充分利用网络传播话语，网民实现了网络行动上的创新。而这些创新形态的广泛运用也解放了参与者的头脑，重构了参与者之间的关系，进而让行动者不断去探索这些新形态所可能具有的潜力空间，由此也不断更新着网络抗争剧目的版本。抗争剧目（repertoire of contention）是抗争行动中"人们为了追求共同的利益而一起行动的方法"①。现实社会中的抗争剧目是行动者与抗争对象长期互动博弈的结果，是在国家、社会、市场、技术与文化等结构性因素共同作用下的产物，具有阶段性与历史性特征。跨地域的、大规模的话语协同是历史上未曾出现过的，自然会对网络行动产生深远影响，特别是会直接推动抗争剧目的更新换代。从目前已有案例来看，网络行动参与者基于共同的情感动力，利用互联网话语协同机制，同时从中国传统文化中汲取智慧，也在探索发挥互联网传播优势的抗争策略，不断创新着网络抗争剧目。

例如"围魏救赵"是国内网络行动中最常用的手法，具体来说就是并不就事论事，而是通过网络举报等方式，曝光事件发生地负责人的作风失范或话语、行为失当等现象，通过 PS 恶搞、网络造句、网络行为艺术等方式把事件闹大，引发公众关注和舆论声讨，制造舆论压力，迫使上级出面处置，进而取得行动效果。此外还有一种可以称之为"车轮战"的策略，在实际运用中又可分为两种类型：一种是不同的网络大 V 根据自身专长，轮番质疑批评某一事件，既可以让对手应接不暇，又可以显示声势之壮，这是传统"车轮战"策略。另一种是主体不变，却不断在同一事件中寻找新的质疑点。其实不管哪种类型，运用"车轮战"策略的主要目的是让网络抗争一波三折，不断有新的爆点，以便持续获得媒体与公众的关注。上述抗争剧目充满了战争隐喻，但并非对网络行动的夸张描述，而是典型的规模性的话语集休行动策略。

三、结语

表面看来，通过广泛的情感动员形成网民大规模的话语协同，进而制造影响广泛的新媒体事件，一方面可以帮助某些新媒体账号完成"吸粉"和提升商业价值的任务，另一方面可以成功聚焦公众和政府相关部门对某些社会问题的关注。但在社会转型期，这种情绪主导的新媒体事件也会带来诸多问题，容易

---

① CHARLES T. Popular contention in Great Britain, 1758 – 1834. Cambridge：Cambridge University Press，1995：41.

流为一种空泛的社会批判和对社会情绪的消费。之所以称其为社会情绪消费，是因为这些网络炒作并不能促进人们理性思考社会问题，而只是激发了悲哀、愤怒、恐惧或娱乐等基本情绪心态，从而促使网民沉溺于情绪的宣泄，帮助某些机构或个人实现其商业目的。例如 2015 年"庆安枪击案"中，表面上看是网民基于对警权滥用的恐惧而发起的广泛抗议，但实际背后是有专人组织，借机牟利，甚至早已形成利益链条。①

不仅如此，情感动员的广泛运用，还使得舆论场上情绪充斥而理性匮乏，因而实质上遮蔽了某些深层次的社会问题，在潜移默化中侵蚀着网络公共空间。具体而言，由于恐惧诉求策略的应用，媒体到公众的信息流出现议题分岔，恐惧以及由此引发的愤怒全面占领了舆论空间，焦点事件所暴露出的各项问题被冷落一旁。其中原因主要在于社交媒体平台上此类文章的一个典型特点：只渲染恐惧而不澄清事实，主动利用"恐惧诉求"来达到其预设的传播目标，或者说借机"劝服受众"来接纳其所提出的"行动建议"以实现营销的效果，比如常见的"转发此条消息""让更多人知道"等，从而通过类似"乾坤大挪移"的手法，实现了议题转移。虽然网友们疯狂转发的目的之一是希望制造舆论压力，令政府更加重视，但此举也让政府在所谓的"塔西佗陷阱"中越陷越深，推高社会治理成本。悲情动员的运用也是如此。在悲情动员中，无论是个体悲情还是社会悲情，其核心都是一种受害者心态。因此，悲情动员的一大关键是摒弃复杂的利益博弈分析，而把受害关系作为叙事核心。例如在深圳取缔"五类车"事件中，部分舆论把底层生存权和路权作为核心话语，获得了广泛认同，但电动车制造标准违规、快递员人身安全等问题，以及电动车行业与交通执法方背后隐藏的复杂利益博弈却在群情激愤中被忽略了。

恐惧、愤怒或者娱乐都是人性使然，但面对各种社会问题，我们既不能熟视无睹还美其名曰"理性"，当然也不能仅止于悲愤、恐惧或戏谑。面对社会转型中暴露出的各种严肃问题，需要媒体与公众的持续关注与理性监督。不仅如此，新媒体事件一次次地制造了跨地域、跨领域、跨群体的情绪共振、情感共鸣，表明社会情感治理亟须提上社会治理日程。

（原载于《探索与争鸣》2016 年第 11 期）

---

① 黄庆畅、邹伟：《公安部揭开"维权"事件黑幕》，人民网，http://society.people.com.cn/n/2015/0711/c1008-27289898.html，2015 年 7 月 11 日。

议题博弈与话语竞争

——论自媒体传播中的风险放大机制

汤景泰　王　楠

　　在泛媒体环境下，各类自媒体平台依靠为其成员开放更多内容接口和提供便捷的商业变现渠道，不断吸引巨量的个人和组织加入自媒体的运营，自媒体时代的"传播者"身份因此变得空前多元。但是，以几何倍数增长的传播者及其生产的庞杂信息所面对的，仍是数量已经基本固定的受众及其有限的注意力，于是，以"流量"为代名词的"受众注意力"成为所有传播者争夺的焦点。

　　在这种传播语境下，风险的传播模式和放大机制也在发生着巨大的变化。各类风险事件屡屡登上社交平台的"热搜榜"，成为舆论热议的对象，诸如"转基因"事件、山东"未冷藏疫苗"事件、罗一笑事件、"榆林产妇跳楼"事件等。这些事件中风险的放大，皆与各种自媒体账号的参与及推动密不可分。大多数自媒体的原创能力有限，更没有能力像传统新闻媒体那样对传播的新闻或信息进行多方核实，且为了保证其维持受众黏度所需的曝光率，它们所进行的"传播"不过是在对大量同质化信息做"搬运"工作。在这种条件下，为了吸引受众眼球和体现自己的传播价值，自媒体常会"铤而走险"地对信息断章取义或模糊事实重点、煽动敏感情绪，以创造热门话题，收割流量。这就使公众对风险的认知受到严重干扰，风险议题更易滋生和传播，影响也更易扩大。简而言之，新的"风险放大机制"正在形成。

一、风险传播的理论综述

　　卡斯帕森（R. E. Kasperson）等人在 20 世纪 80 年代后期发现，一些被技术专家评估为较小的风险往往会引起公众强烈的关注，继而对社会产生重大影响，他们研究提出了一个概念框架，认为风险的扩大除了受客观事实层面影响外，还与人们对风险的感知（即主观层面）联系紧密，而风险感知又与心理、社会及文化方面息息相关,他们将其总结为"风险的社会放大框架"①。该框架的提出,对于认识风险传播的相关要素及其动态关系具有重要价值。但在后续的相关研究中,中外传播学者相继认识到因风险的社会放大框架缺少一个区别标准,而主观层面的"风险感知"在风险的社会放大过程中的重要性愈发被凸显出来。代表性观点如:罗德(J. Raude)等人认为风险的社会放大框架急需一个区别放大和缩小的明确标准,他们认为这个标准的制定可通过检测观察到的实际行为和科学性上合理预期的行为之间的差异而得出。② 曾繁旭等将"风险放大"具体定义为"感知风险超出技术风险"的过程,他们延伸了卡斯帕森等人的观点,认为在风险放大的过程中,风险的社会体验是由信息过程、制度结构、社会团体行为和个体反应共同塑造而成的,并进一步就信息流、政策公开和个体因恐慌导致的"污名化"行为进行了分析。③ 与此相似的是毛明芳的观点:风险的社会放大过程是人们认知到的风险与实际存在的风险水平发生偏离的过程。④ 双方皆对"影响民众风险感知"的因素十分关切。中国的传播学界近年来虽已开始注重对社交媒体上风险传播的研究,但目前对自媒体平台如何改变"风险的社会放大框架"的研究仍较为薄弱,如自媒体不仅进一步丰富了此框架中的影响要素,还使各风险要素之间的动态关系发生了改变。

具体而言,以微信为代表的综合性流量平台,仅在 2016 年,新开设的自媒体账号就占总数的 69%,但有 54.9% 的账号仅由 1 人运营,40.7% 的账号由 2 ~ 4 人运营,且运营者的兼职率达到了 50.8%。⑤ 这些新情况也引发了一些研究者的兴趣,如熊皇借助布尔迪厄(Pierre Bourdieu)的场域理论视角,梳理了中国三个阶段的健康传播场域的特征变迁,认为在以社交媒体为平台的健康传播场域中,以往强势的媒体场与学术场的资本力量变得薄弱,这体现在媒体和权威科研、医疗等机构在健康类微信公众号中呈缺位状态,而与此同时,各类

---

① KASPERSON R E, RENN O, SLOVIC P, et al. The social amplification of risk: a conceptual framework. Risk analysis, 1988, 8 (2): 177 – 187.

② RAUDE J, FISCHLER C, LUKASIEWICZ E, et al. GPs and the social amplification of BSE – related risk: an empirical study. Health, risk & society, 2004, 6 (2): 173 – 185.

③ 曾繁旭、戴佳、王宇琦:《技术风险 VS 感知风险:传播过程与风险社会放大》,《现代传播》2015 年第 3 期。

④ 毛明芳:《技术风险的社会放大机制——以转基因技术为例》,《未来与发展》2010 年第 33 卷第 11 期,第 50 – 54 页。

⑤ 企鹅智酷:《未来地图:中国新媒体趋势报告 2017》,http://www.199it.com/archives/654084.html,2017 年 11 月 16 日。

商业背景的自媒体公众号却披着健康的外衣逐利而来，这就极易造成风险放大及谣言泛滥等不良后果。① 李欣沂则认为，因新兴媒体对传统媒体在功能上的覆盖和拓展，颠覆了整个社会的信息传播格局，也改变了风险传播的速度及其对社会的影响程度。新媒体的兴盛使风险放大的概率增加、交互影响的程度加深、风险传播视角也变得多元化。②

这些相关研究进一步说明了自媒体传播各要素的巨大变化，并以强烈的批判特色指出了自媒体平台对风险传播的恶劣影响。不过仍然有待深入分析的是，这些自媒体为何能够快速崛起并在注意力的竞争中获胜，从而可以对受众施加更强的影响力？从风险放大的理论维度来看，这些自媒体又如何影响了风险的社会放大机制？自媒体将传统的人际传播融入到大众传播的领域中，两者已然结合形成一种新的互动传播形式，它拥有一对多及多对多发送信息的能力，也可根据预定的传播目的及特点，实时或在特定的时间，选择进行点对点的传播、窄播或广播，即"大众自传播"（mass self-communication）③。人际传播、大众传播和大众自传播三种传播形式在这种新型互动传播中共存、互动、互补，而不是互相替代。这种个体与社会的紧密连接性赋予了自媒体在风险放大过程中的特殊性，若想同时对自媒体这种结合了个体与群体传播双重个性的风险放大模式进行了解，议题与话语是两个最佳的角度，因为此二者是连接个体认知与群体互动的内隐与外显的两个维度，有助于我们更深层次地认识自媒体与风险放大的关系。

二、风险传播中的议题博弈

议题设置一直是风险沟通理论中极为重要的一环，大量的风险沟通理论都集中于探讨如何依照风险管理主体的需要设置对其有利的议题，以及如何让媒体和利益相关者接受自己设置的议题。但在自媒体创造的传播情境下，风险议题设置的相关理论也必须做出相应创新。因为在社交媒体的语境下，风险议题设置的主体发生了变化。自媒体背后的多元个体成为风险议题最积极主动的设

① 熊皇：《历史观照中的微健康传播场域及治理研究》，《江西师范大学学报（哲学社会科学版）》2016 年第 49 卷第 6 期，第 139－145 页。

② 李欣沂：《新媒体背景下风险传播及策略研究》，《科技传播》2015 年第 8 期。

③ CASTELLS M. Communication power. London：Oxford University Press，2009.

置者，他们都在根据自己的利益需要或价值追求设置相关风险议题。以微信公众号平台上的健康传播为例，在 2016 年数量已超过 1 200 万的微信公众号中，健康养生类公众号的数量排行第三，且主体类型多元①，其中主要包括：传统媒体开设的官方公众号，如人民日报社主管、主办的"健康时报"，《潇湘晨报》主办的"国医大师养生"；接受专业医生投稿的医学专业网站发展的公众号，如"丁香医生""健康头条"；健康类综合性门户网站开设的公众号，如"99 健康""39 健康"等；健康类商品企业开设的企业推广营销号，如由李锦记健康产品集团旗下无限极公司开设的"养生固本健康人生"；私人开设的健康养生综合信息公众号，如"脉脉养生""名医养生"；背后由网络营销公司操盘的健康养生类营销号，如"健康养身"等。② 这就意味着，原本不同媒介形态的同种信息类型传播主体，都已被摆在同一个维度的互动传播场域进行竞逐。不仅如此，同一主体还会入驻不同平台，进而打造矩阵式传播阵列，也使得不同平台形成激烈的竞争态势。

个体、社群设置的风险议题与媒体所设置的议题会不断发生互动，各种风险议题在社交媒体上的传播，或由主流媒体及媒介意见领袖流向一般媒体或个体，从而形成"议题共鸣"，或反之由一般媒体或个体、社群设置的议题从潜伏期与预备期转变成上升期，主流媒体开始介入报道，形成"议题溢散"，进而影响公众议题和媒体议题的发展。

（一）风险议题的共鸣

1968 年，诺埃尔 - 纽曼（E. Noelle - Neumann）等人通过研究伦敦反越战的示威报道发现，媒体之间存在着"意见领袖"。而他们将这种由主流媒体的报道引发一连串非主流媒体报道的连锁反应，称为议题的"共鸣效果"（consonance effect）③。传统议题形成共鸣的主要原因有：一是新闻媒体/记者之间存在意见领袖；二是新闻媒体从业者之间共享某些新闻价值。在新的传播语

---

① 企鹅智酷：《未来地图：中国新媒体趋势报告 2017》，http://www.199it.com/archives/654084.html，2017 年 11 月 16 日。

② 熊皇：《历史观照中的微健康传播场域及治理研究》，《江西师范大学学报（哲学社会科学版）》2016 年第 49 卷第 6 期，第 139 - 145 页。

③ NOELLE - NEUMANN E, MATHES R. The "event as event" and the "event as news": the significance of "consonance" for media effects research. European journal of communication, 1987 (4): 391 - 414.

境中，一些网络大 V 或热门公众号以某种价值观为号召，经过长期精心运营，积累的粉丝动辄上百万甚至千万，自然成为微信刷屏、微博怒转等全民热议焦点的主要推手，具有强大的议题共鸣效果制造能力。以由柴静领衔制作，并联合优酷网、人民网于 2015 年 2 月 28 日首发的纪录片《穹顶之下》为例，据不完全统计，该片在首发的 12 个小时内，点击量已破 600 万，并在 48 小时内总播放量突破 2 亿次，创下公益类长视频的最高播出纪录。该片选择的首播时间颇值得思考，彼时正值"两会"前夕，其在网上的爆红也引发了政协、人大委员或代表们在网下的热议。同时，主流媒体也迅速跟进，新华网在该片首发次日（2015 年 3 月 1 日）就专门刊发了《穹顶之下安能呼吸——柴静纪录片引发两会代表委员心中痛点》一文，文中引用全国工商联环境商会原秘书长骆建华对此片的赞赏："意义不亚于雷切尔·卡森所著的《寂静的春天》。"① 同日，刚上任的原环境保护部部长陈吉宁也对柴静借此片唤起了公众对环境问题的重视表示了感谢。② 整个《穹顶之下》的传播效果放大过程，就是风险议题产生共鸣效应之极佳体现。

（二）风险议题的溢散

如果非主流媒体能在设置"反对型议题"上扮演媒体间意见领袖的角色，并引起其他媒体的注意，这个议题就会逐渐溢散至主流媒体，不仅会引起主流媒体的报道，还会影响其对议题的框架设定。③ 容易产生"溢散"效应的议题往往是被主流意识形态贴上"敏感"标签并慎以待之的问题，因而议题的"溢散"意味着非主流媒体对主流意识形态的某种突破。④ 如果说在大众传播时代，边缘媒体的议题溢散多是一种偶发现象，那么在大众自传播语境中，敏感议题借助边缘媒体实现对传统主流媒体的溢散则成为一种规律性的常态。以"鸿茅药酒"事件为例，整个事件的发端就是谭秦东于 2017 年 12 月 19 日在微信公众

---

① 顾瑞珍、于文静、李鲲：《穹顶之下安能呼吸——柴静纪录片引发两会代表委员心中痛点》，新华网，2015 年 3 月 1 日。

② 《外媒：柴静雾霾纪录片在中国引发热议》，新浪网，http://news. sina. com. cn/c/2015 – 03 – 02/094031557052. shtml，2015 年 3 月 2 日。

③ MATHES R，PFETSCH B. The role of the alternative press in the agenda-building process：spill-over effects and media opinion leadership. European journal of communication，1991（6）：33 – 62.

④ 董天策、陈映：《传统媒体与网络媒体的议程互动》，《西南民族大学学报（人文社会科学版）》2006 年第 7 期。

号上发布了一篇名为"中国神酒'鸿茅药酒',来自天堂的毒药"的文章,然后被内蒙古警方抓捕。但该事件曝光却要到2018年4月13日微信公众号"红星新闻"发布《广州医生发帖称"鸿茅药酒是毒药"涉嫌损害商品声誉被警方跨省抓捕》一文之后。"澎湃新闻""界面新闻"等迅速跟进报道,各路网络大V纷纷转发评论,不仅吸引了法律界和医学界的关注,舆论也开始发酵。同时相关新闻也被各家微信公众号大量转载。人民网、央视、新华社等主流媒体也很快加入报道行列。到了4月17日,国家药监局、公安部、内蒙古自治区检察院已对此事非常重视,发布相关处理通报,同日,谭秦东被允许取保候审。整个事件的影响之大、发展之迅猛展现了风险溢散效应在自媒体时代的升级,该事件对整个公安系统和药监系统的公信力也造成了影响。

(三) 风险议题的重构

当下的风险传播应放到以"主观情感超越客观现实对人们影响"为主要特征的"后真相时代"的大背景下进行考量,特别是最易引发人们极端情绪的风险事件。这种"介于事实与谎言的相对性""迎合或引导受众的情绪化"以及"社交媒体上信息的速溶性"①,为风险中的各种利益集团依照自身需要重构风险议题提供了极大的便利,也会给人们客观准确地感知风险带来更大的困扰和阻碍。以2016年3月惊爆社交网络平台的山东"未冷藏疫苗"事件来看,梳理整个事件发展脉络,可以清晰地看出各个传播主体在议题重构方面的努力:"未冷藏疫苗"由最初的"非法疫苗""失效疫苗"逐步演变成了"致死疫苗""杀人疫苗""假疫苗""毒疫苗",问题性质愈益严重。更重要的是,相关概念在不同传播主体对议题的接力重构中一再被混淆,直接造成公众的不信任和恐慌情绪,造成风险的不断放大。社交网络上甚至衍生了矫枉过正的新议题"拒绝所有疫苗的注射"。这个结论的出现,无疑是议题重构过程中的"用力过猛"。这不仅体现出自媒体极强的议题重构能力,同时这种裹挟着复杂情绪、个人推断和凭空猜想的内容,也被受众当作"新闻"全盘接受,由此成为谣言的滋生地,从而直接助推风险的社会放大。

---

① 江作苏、黄欣欣:《第三种现实:"后真相时代"的媒介伦理悖论》,《当代传播》2017年第4期。

三、风险传播中的话语竞争

在自媒体传播时代，多元传播主体之间用来进行互动、对话甚至对抗的最主要工具就是"话语"。议题设置最终要落脚到话语的外在呈现，议题的博弈在表达维度上也具体表现为话语的竞争。纵观近几年的风险事件可发现，极端的话语修辞往往是造成风险放大的主要原因之一，尤其是在突发事件之后充满不确定因素的情境下，在各类自媒体平台上，各种类型的传播主体通过多模态的话语表达，通过综合运用各种符号手段和修辞技巧，借助诸如搞笑段子和表情包等流行方式来达到更强的传播能力、意义颠覆能力和社会动员能力。这种对话语符号的操弄，很容易使关于风险议题的讨论沦为一场话语游戏，甚至非理性的情绪表达狂欢。本就包含对抗情绪的矛盾极容易被夸大，而风险也就此被放大，甚至衍生出各种次生危机。而在这一过程中，话语模态转换、信息属性转换与符号系统转换是三种主要的话语竞争机制。

（一）由严谨的书面话语转换为活泼的网络多模态话语

以往的主流传播话语，都是以严肃新闻报道为模板，讲求以事实为基础，在话语表达的严谨性和客观性以及信源的权威性等方面有特殊要求。而在大众自媒体传播中，广泛使用的则是多模态话语，即指调用了听觉、视觉、触觉等多种感知模态，或者综合使用语言、图像、声音、动作等多种符号资源、手段进行表达的话语形式。就性质而言，多模态话语是人类感知通道在交际过程中综合使用的结果。[①] 从类型上看，不仅仅是传统的"图"和"文"，还涵盖了长短视频、表情包、信息图表与文字的各种搭配组合方式。从话语表达方式上看，网生词的大量入侵所形成生动风格的传播效果远远超过严谨但刻板的科学话语。再加上被自媒体广泛使用的幽默式或充满激情的文字表达，已为用户的内容消费建立起新的审美习惯，这种文风偏好必然影响受众接收的信息资讯类型与质量。因此，受专业素养和接受习惯的限制，绝大多数受众更习惯于接受网络话语。这样，转移到新的传播语境后，当下与科技、环境、医学等领域紧密相关的风险传播话语风格由严谨刻板的新闻传播式话语，转换成直白简明，甚至夸

---

① 朱永生：《多模态话语分析的理论基础与研究方法》，《外语学刊》2007 年第 5 期。

张、戏谑的网络话语，这种模态转换本身就蕴含着偏离本意的风险，成为风险的社会放大中的一个关键环节。近年来，自媒体平台上常常出现采用比较极端的话语修辞手段，对风险进行大肆渲染的案例。以 2018 年的王凤雅事件为例，整个事件中起到点燃舆论爆点作用的是自媒体"有槽"发布的《王凤雅小朋友之死》，该文中给事件贴上了"诈捐""重男轻女""用女儿的救命钱给儿子治唇裂"等极其敏感的标签，紧接着"明白漫画"的自媒体账号还"根据真实事件改编"了一则漫画作品，更是被网友争相转载，这显然是为了迎合当下受众更偏向接受视觉化表现的习惯，刻意挑选最易激起受众情绪的部分信息，再通过漫画图像语言加以夸张，以吸引更多的流量，却忽略了对新闻事实的查证，甚至还加入无中生有的细节演绎，造成了公众对整个事件的认知偏差，将人们对单个事件的风险感知又扩展至"网络筹款"及"志愿者行为"之正当性与合法性的质疑上来，还引发了公众一系列诸如对王凤雅的家人在网上和实际生活中的各种谩骂和骚扰等非理性举动。

（二）由单一的事实性信息转换成"事实＋观点"的阐释性信息

风险传播的原点，究其信息性质，应归为事实性信息。而在大众自传播时代，要想在众多同平台、跨平台的同质性竞争者中突围而出，不仅要时刻关注"焦点议题"，还需要能够在共同关注中凸显个性特色，避免对议题的原样转发，从而在"全民围观"中凸显自身信息的传播价值。不仅如此，根据我国相关法律法规，商业性网络媒体没有获得新闻采写权，往往采用"标题党"或"洗稿"的方式介入公共议题。它们不像传统的新闻媒体会对事实进行严格把关，反而是常用"夹叙夹议"的形式，以大量的主观分析甚至猜测，将事实与观点糅合起来，填充因官方缺席而造成的信息真空，适应公众信息饥渴中的强烈需求，从而引发大量关注。因此，自媒体平台对风险信息的传播，并不只是停留在客观事实或问题的传播上，而是会加入各类主体自身对该事件或问题的认识、评论甚至想象，从而成为一种糅合了观点的阐释性信息，而且正是因为这种独特的阐释，才更容易获得公众的欢迎。据腾讯调查，微信公众号传播的主要是以知识科普为代表的软资讯和以评论性文章为主的自媒体观察性内容，而这两种内容均得到了超半数网民的"资讯认可"①。

社交媒体情景所造成的这种信息属性的转换，对于传播主体的媒介素质提出了更高的要求。把握得好，可以把复杂的内容简单化、趣味化，增加因快节奏生活和碎片化阅读习惯而极易分心的受众之黏性，用巧妙的方式稀释过高的信息浓度，抓住受众的眼球。但众多自媒体基于自身利益需求，则将观点的述评与利益的诉求挂钩，严重偏离了对传播信息之科学性和客观性要求。

（三）不同符号系统之间的转换与对峙

话语修辞问题，归根到底还是符号学问题，只不过自媒体传播的符号系统已较传统符号学意义上的符号系统发生了转换。原本针对词汇本身和其指涉含义的"能指"和"所指"，在自媒体的传播领域，有了新的发展和变化。在风险传播中，如果说将同一个风险议题或风险事件视为"能指"，各种自媒体传播主体对其的解读和阐释则为"所指"，我们可以发现，自媒体的风险传播主体，包括拥有不同身份背景、学术结构和处于不同社会实践情境中的个体和组织。每一次带有评论的转发，可能就已经完成了一种符号系统的转换，而不同传播主体针对同一个风险议题所进行的互动，也常常是两套不同的符号系统之间的对话乃至对峙，这种对话也常常被双方的相互误解所充斥，无法真正形成沟通或相互理解。以"转基因"事件为例，媒体人崔永元与复旦大学生命科学学院的卢大儒教授于 2015 年 3 月就转基因食品议题进行激烈争辩。在这次论战之前，崔永元在 2013 年就已与方舟子在微博上发生过相似的论战，并将转基因食品的使用安全议题推上社交网络的风口浪尖。这两次论战虽分别发生在网下和网上，但有很多相似之处。崔永元与方舟子的论战，最后将转基因食品的食用安全问题完全定性为一个非此即彼的二元问题（转基因食品到底安全还是不安全）；而崔永元与卢大儒的对话则完全是不同符号系统之间的互动，他们争论的其中一个核心问题为崔永元的提问："著名转基因食品'黄金大米'究竟转了几个基因？"崔永元将其定性为一种伦理问题（怀疑转基因技术有问题，我身为媒体人就有义务告诉大家），而卢大儒基于自身学科背景，仍是在以生物科学技术的系统架构来探讨这个问题（转基因技术已有数代，每一代皆有改变，

---

① 企鹅智酷：《未来地图：中国新媒体趋势报告 2017》，http://www.199it.com/archives/654084.html，2017 年 11 月 16 日。

不可一概而论），双方几乎从头到尾都无法形成有效的对话和沟通。① 最后，其至也如同崔永元和方舟子的论战一样，受到周围更多非理性的"观众"的围观起哄而草草了之。伦理符号系统与科学符号系统无论从核心概念还是逻辑体系，均存在着极大差异，却同时被引入到风险议题的讨论之中，因此最终只能陷入"鸡同鸭讲"的尴尬境地。

四、结语

在新的传播语境下，本文分别从议题和话语两个维度，分析了自媒体影响风险放大的社会和个人因素，并进而探索了"风险的社会放大框架"在社交媒体平台上的作用机制。社交媒体崛起之后，风险的传播场域和渠道，已由"大众媒体"转移到新型的"大众自媒体"之上，这代表着传统的各种传播渠道已被转移到同一个综合性平台之上，因此加强了各个大众自媒体对公众注意力的竞逐压力，增加了风险放大的可能性。风险议题在自媒体上的溢散、共鸣和重构，因为自媒体从原本的边缘媒体转变成近八亿的网民接收信息的新的主要渠道，而使得风险议题在现实情况和理论意义上都发生了新的变化。原本的自媒体只是作为"溢散效果"的发起方和"共鸣效果"的追随方，而当今的自媒体已是一个吸纳融合了各种类型媒体的综合性平台系统，应以新的角度再度审视其系统当中议题的溢散、共鸣和重构。所有风险议题的互动形式都需具体落在话语修辞的竞争上。自媒体传播对各种话语模态的创新和灵活组合，在网生文化的影响下对信息属性的转化，以及话语互动各方的符号系统差异，都是当下的风险传播必须重视的问题。

（原载于《陕西师范大学学报》2019 年第 1 期）

---

① 《饮水思源 崔永元和复旦卢大儒的争论》，http://blog. sina. com. cn/s/blog_5849bd280102vfgd.html，2015 年 3 月 30 日。

技术污名化的传播机制研究

——基于系列邻避行动事件的分析

汤景泰　星　辰

近年来，我国各类邻避行动事件频频发生。相关部门和学者尝试从信息公开、决策参与、风险沟通、舆论引导等多个角度来破解困局，但并未能从根本上扭转。从 2007 年的厦门 PX 项目迁址事件开始，直到 2017 年广东清远反垃圾焚烧厂事件，邻避行动事件持续发生。综观这些邻避行动事件，衍生的议题种类不断丰富，议题的敏感程度不断上升：从"反污染"到"反腐败"，从"保障知情权、决策权"到"维护生存权、人权"，从"保护孩子"到"保卫家园"等。此外，事件的影响范围以及行动的激烈程度也在不断升级，不仅对社会建设造成不利影响，而且对政府公信力造成严重伤害。面对不断升级的危害，探析邻避行动事件的动力机制就成为一个既具现实意义又有理论价值的问题。具体来说，促使邻避行动事件一再发生的相关要素有哪些？它们之间是如何相互作用，进而形成了邻避行动事件的动力机制？在近年来相关研究的基础上，本文以对 10 余年来相关邻避行动事件的分析为核心，首先提炼出相关要素，然后通过模式的剖析，进而深入探讨邻避行动事件的动力机制问题。

一、文献述评

贝克（Ulrich Beck）、吉登斯（Anthony Giddens）将"风险社会"概念引入社会科学领域后，学界在面对技术与自然、社会的纠纷时，便逐渐频繁地采用这一阐释视角，认为人类社会已经无可避免地暴露在科技发展带来的"不确定性"中，它在实践中体现为风险的"制度化"，由于制度本身存在失灵的可能，因此，制度化风险与技术性风险成为现代社会的主要风险类型。

基于这一逻辑，对邻避行动事件的研究存在以下特点：第一，普遍以"制度问题""结构问题"为切入点和落脚点，给出"构建重大事项公共决策机制"①"完善地方政府落实环境法的监督机制"② 等建议；第二，以"邻避效应"为切入点尝试进行"社会心理"归因，认为面对"收益—成本"不匹配的情况，居民普遍在"功利心"或"自利心理"驱动下③，选择以"诉苦""受难"者的形象进行社会动员④，并期待群体性事件的发生⑤；第三，以风险沟通为切入点，最终回归到"制度问题"上，认为民众与政府在风险感知上存在文化理性与技术理性的冲突，民众过分强调技术的危害及其可怕后果⑥，因此，必须将"个人经验""家庭关切""社区传统""民间智慧""群体意见"作为知识类型纳入风险评估过程，又通过技术专家、公众与公共机构之间的充分沟通来权衡风险⑦。上述三类论断对个体理性、群体功利性和制度的强调，来自学者们对风险社会理论和西方的风险沟通实践案例的深刻洞察。尽管研究者们"更愿意从体制与社会结构中寻找社会矛盾的根源，并且更有激情为他们所向往的社会价值和制度安排的实现做出努力"⑧，但相关"制度安排"自 2007 年起就一直没能在我国形成，民众参与和政府决策远未实现期待中的良性循环⑨。

这种理论与实践的双重困境，是由于当前研究对邻避行动事件的特殊性把握不足。有别于一般的群体性事件，邻避行动事件在冲突烈度、影响维度和时间跨度上的表现格外突出，这种特殊性很难从风险社会的视角加以完整解读。也有少数学者在研究中敏锐地捕捉到了事件的独特性，他们在文章中以"污名化"或"污名化的后果"来对其加以描述。例如，有学者认为，反 PX 事件的

---

① 高志宏：《关于地方人大重大事项决定权之"重大事项"的判断——以"厦门 PX 事件"为例》，《理论月刊》2009 年第 3 期，第 45 - 47 页。

② 张虎彪：《环境维权的合法性困境及其超越——以厦门 PX 事件为例》，《兰州学刊》2010 年第 9 期，第 115 - 118 页。

③ 顾雯：《邻避冲突及其治理》，南京大学硕士学位论文，2011 年。

④ 邓君韬：《"邻避运动"视野下 PX 项目事件审视》，《湖南社会科学》2013 年第 5 期，第 85 - 88 页。

⑤ 朱德米、虞铭明：《社会心理、演化博弈与城市环境群体性事件——以昆明 PX 事件为例》，《同济大学学报（社会科学版）》2015 年第 26 卷第 2 期，第 57 - 64 页。

⑥ 项一嶔、张涛甫：《试论大众媒介的风险感知——以宁波 PX 事件的媒介风险感知为例》，《新闻大学》2013 年第 4 期，第 17 - 22 页。

⑦ 邱鸿峰：《环境风险的社会放大与政府传播：再认识厦门 PX 事件》，《新闻与传播研究》2013 年第 8 期，第 105 - 117 页。

⑧ 林芬、赵鼎新：《霸权文化缺失下的中国新闻和社会运动》，《传播与社会学刊》2008 年第 6 期，第 93 - 119 页。

⑨ 冯洁、汪韬：《"开窗"求解环境群体性事件》，《南方周末》，2012 年 11 月 29 日第 D29 版。

反复发生与烈度升级，源于"PX 在中国已被污名化"①，部分网民通过污名化对刺激性信号进行再放大，而部分普通民众只是一味对 PX 进行污名化，从未真正了解它。② 但这些研究对事件的深层归因仍在延续贝克与吉登斯的分析，缺乏对非理性、非制度因素足够的关注，以及对中国社会独特语境的观照。

这一现实印证了斯科特·拉什（Scott Lash）的批判，即我们以往对于"风险社会"的认知已经无法充分描绘当前情况，而且不同文化环境对风险有不同的解释话语，每个群体对此都有各自的心理认知。在拉什看来，贝克和吉登斯的"风险"被限制在制度化的结构中，它有一定等级秩序和基本规范，并且以利己主义为基础。但现实并非如此，风险往往是"无序"的，其结构性与指向性并不鲜明。因此"风险社会"更应是一种文化现象，而非"社会制度"，即不假定存在确定的社会秩序，而是假定有一个充满不确定性的无序状态，依存于非理性和反制度的社会环境之中。风险会向所有由高度现代化所造就的不确定领域中蔓延，其传播有赖于产生实际价值的"意义"，而非某种社会规范。因此，对它的治理不应过分寄希望于规章制度，而要把握带有象征意义的理念和信念。需要被满足的，不仅有建构在理性基础上的实际利益诉求，更有处在风险文化中的社会成员对未来生活的美好想象。③

可以说，以"风险社会"为基本视角进行"制度归因"和"风险归因"并未能有效阻断邻避行动事件一再发生。而拉什的批判为本文提供了新的视角，即探究针对个体和群体的意义建构过程，发掘其中的关键要素并厘清其作用机制，寻找同类事件背后的文化归因。这就进一步明确了本文的研究对象并不是与工程项目有关的各种制度，而是聚焦"事件"内部的意义建构过程，简言之，我们将尝试回到历次事件的历史文本中去，尽可能完备地考察从"传言"到"游行"这一过程包含的与意义生产有关的要素与环节。因此，本文将以"风险文化"为基本视角，以模糊集定性比较分析（fsQCA）为主要研究方法，尝试对上述事件进行重新定义，以期分清主要环节、辨别关键要素、诠释动力来源、解析作用机制，为破解难题提供新的视角和方法。

---

① 项一嶔、张涛甫：《试论大众媒介的风险感知——以宁波 PX 事件的媒介风险感知为例》，《新闻大学》2013 年第 4 期，第 17－22 页。

② 张乐、童星：《污名化：对突发事件后果的一种深度解析》，《社会科学研究》2010 年第 6 期，第 101－105 页。

③ ［英］斯科特·拉什著，王武龙编译：《风险社会与风险文化》，《马克思主义与现实》2002 年第 4 期，第 52－63 页。

二、提出问题

为进一步明确"史料"的搜寻范围，我们借助互联网检索及前人研究①，整理了近 10 余年来主要的邻避行动事件（见表 1）。

表 1　邻避行动事件列表

序号	时间	事件	表现形式	最终结果
1	2007 年 6 月 1—2 日	厦门 PX 项目迁址事件	游行示威	政府宣布项目停工、搬迁；公安机关通告要求游行组织者自首
2	2008 年 5 月 4 日	成都市反 PX 事件	沉默游行	公安机关依法惩处非法游行组织者、谣言传播者
3	2011 年 8 月 14 日	大连市反 PX 事件	游行示威、广场静坐、暴力冲突	政府宣布企业停产、项目搬迁
4	2012 年 7 月 1—3 日	四川什邡宏达钼铜项目事件	游行示威、暴力冲突	政府宣布项目停建

---

① 夏倩芳、黄月琴：《社会冲突性议题的媒介建构与话语政治：以国内系列反"PX"事件为例》，《中国媒体发展研究报告》2010 年第 0 期；陈海嵩：《绿色发展中的环境法实施问题：基于 PX 事件的微观分析》，《中国法学》2016 年第 1 期，第 69 - 86 页；张乐、童星：《"邻避"冲突中的社会学习——基于 7 个 PX 项目的案例比较》，《学术界》2016 年第 8 期；田进、朱利平、曾润喜：《网络舆情交互触发演变特征及政策议题建构效果——基于系列"PX事件"的案例研究》，《情报杂志》2016 年第 35 卷第 2 期，第 133 - 138 页。

（续上表）

序号	时间	事件	表现形式	最终结果
5	2012 年 10 月 26—28 日	宁波市镇海区反 PX 事件	游行示威、广场静坐、阻断交通、暴力冲突	政府宣布 PX 项目下马，炼化一体化项目暂停；公安机关通告称将对参与此次违法行为者进行惩处
6	2013 年 5 月 4 日	成都市反 PX 事件	政府、警方预先维稳，游行未遂	政府宣布项目验收前禁止企业生产；公安机关依法惩处造谣者
7	2013 年 5 月 4 日	昆明市反 PX 事件	游行示威、暴力冲突	政府宣布项目暂停
8	2013 年 7 月 12 日	广东江门鹤山反核燃料厂事件	游行示威	政府宣布项目停建
9	2014 年 3 月 30 日—4 月 3 日	茂名市反 PX 事件	游行示威、暴力冲突	政府宣布项目暂停
10	2015 年 6 月 22—28 日	上海市金山区反 PX 事件	游行示威、广场静坐	政府通告称之前没有、将来也不会建 PX 项目
11	2016 年 8 月 6—9 日	江苏连云港反核废料厂事件	游行示威、暴力冲突	政府宣布项目停建
12	2016 年 8 月	广东湛江反核废料厂事件	游行未遂	政府公告称对项目选址并不知情

　　我们认为，近 10 余年来发生的这些邻避行动事件，其本质都有别于一般的群体性事件，而有着明显的"反技术"的特征。以系列反 PX 事件为例，各地参与者并未对风险来源做出清晰的区分，即旁观者很难从主观上分清其究竟是在反对 PX 这类物质本身，还是其提炼工艺、生产装置、污染排放，又或者兼而

有之。但是客观上可见的就是"囫囵地反对 PX"这一社会表征，这更体现出民众对于风险来源的陌生与模糊。因此，在"反 PX"语境中，"PX"应当被视作指代其物质、工艺、装置乃至生产企业等一切陌生的、不确定的技术风险的能指集合，而其所指的一切知识的总和，本质上都属于"技术"范畴。更重要的是，这些技术在科学与实践层面都早已被证明是"安全"的，其实际威胁与参与者对它们的指控并不相符，而这种缺乏理性的反对，可理解为朴素的污名化。明确这一前提，我们便更有理由沿着前人的污名化思路深究下去。

所谓"污名"（stigma）最早指古希腊人在罪犯、奴隶和叛徒身体上制造的侮辱性"标记"（如刺字或烙印），类似于中国古代的黥刑。该领域的早期研究者戈夫曼（E. Goffman）将污名化（stigmatization）定义为：某个体因为带有某种被其所在社会视作侮辱的属性，而遭受侮辱的现象。① 此后，西方污名化研究衍生出社会心理学派、历史学派和社会学派三个主要分支。② 各派都强调"传播"或"沟通"的关键作用，认为施污者通过语言、符号不断构建污名。③ 蕾切尔·A. 史密斯（Rachel A. Smith）更从传播学视角出发，基于经典污名化理论和社会表征理论，提出并验证了"污名传播模型"（model of stigma communication），她将污名化视作污名信息（stigma message）的传播过程和其直接后果。污名信息包括标记、群体标签、责任感信号、危险信号四类，不同的信息会唤起不同的"情绪"，包括厌恶、恐惧和愤怒，这些情绪会激发人们去建构或加强"污名态度"（stigma attitudes），意在警惕并消除污名带来的威胁。而这一态度，会刺激人们将污名信息传播给他人，而传播过程将自动激发污名信息中包含的某些预设行为。④

西方学者阐释了污名化的基本机理，为微观分析提供了理论路径。而我国

① GOFFMAN E. Stigma：notes on the management of spoiled identity. Upper Saddle River：Prentice‐Hall，1963.

② 郭金华：《污名研究：概念、理论和模型的演进》，《学海》2015 年第 2 期，第 99‐109 页。

③ LINK B G，PHELAN J C. Conceptualizing stigma. Annual review of sociology，2001，27（1）：363‐385.

④ SMITH R A. Language of the lost：an explication of stigma communication. Communication theory，2007，17（4）：462‐485；SMITH R A. Testing the model of stigma communication with a factorial experiment in an interpersonal context. Communication studies，2014，65（2）：154‐173.

学者管健则为宏观地理解污名化与社会的互动关系提供了理论框架。① 她认为污名化本质上属于社会表征范畴，即群体成员通过"沟通"所建构的一系列关于价值、观念、信仰和实践的"共同意识"②。在此基础上，她整合社会心理学理论和科学史家杰拉德·霍尔顿（Gerald Holton）的说法，建构了"多维层次表征模型"，提出污名化研究当从"情感—认知—行为"三个纵向截面和"基旨—逻辑—现象"三个横向截面来探索。这一理论框架与风险文化视角对研究对象的要求不谋而合，具体而言，所谓"情感—基旨"，是要挖掘出污名化深处的"核心问题"，找到某种情绪或价值归因；"认知—逻辑"，则是要探究行为主体对污名化过程中的文字、图片、行为等各类"内容"（content）的理解逻辑；而"行为—现象"则是要提炼出诸如反 PX 事件等社会行动的模式与特征。

在综合考量了上述理论后，我们提出"技术污名化"这一概念，并初步认为，它是指针对"技术"或"科学技术"（technology）的污名化，它不仅是一种为特定群体所有的、具有鲜明"技术贬损"特质的"意识"，更是个体认知转变为群体认知的"过程"，而"传播"或"沟通"（communication）是其"元过程"③，传播活动中的内容文本和行为文本是污名信息的载体，会催化污名态度、激发预设行为。

为检验这一理论假设，我们就此提出两个问题：①技术污名的建构过程究竟包含哪些关键环节与要素？②各要素通过何种机制来建构意义？

三、研究方法

为了寻找意义建构过程中的关键要素，我们将采用定性比较分析（QCA）

---

① 管健：《身份污名的建构与社会表征——以天津 N 辖域的农民工为例》，《青年研究》2006 年第 3 期，第 21 – 27 页；管健：《社会表征理论及其发展》，《南京师大学报（社会科学版）》2007 年第 1 期，第 92 – 98 页；管健：《污名的概念发展与多维度模型建构》，《南开学报（哲学社会科学版）》2007 年第 5 期，第 126 – 134 页；管健：《社会表征理论的起源与发展——对莫斯科维奇〈社会表征：社会心理学探索〉的解读》，《社会学研究》2009 年第 4 期，第 228 – 242 页。

② HERZLICH C. Health and illness：a social psychological analysis. London & New York：Academic Press，1973：4 – 14.

③ 元过程原指一种宏观的、结构性的进程，比如工业化、全球化。此处，笔者将"传播"引申为推进技术污名化的元过程。详细定义参见 KROTZ F. The meta-process of mediatization as a conceptual frame. Global media and communication，2007，3（3）：256 – 260.

来对历次事件进行剖析。所谓定性比较分析，最早由美国社会学者查尔斯·拉金（Charles C. Ragin）提出，它被视作一种整合了量化和质化双重取向的研究方法，其核心逻辑是，如果将研究问题或现象看作一个完整集合，那么引发这个问题或现象的诸多原因，就是这个集合的不同子集。基于此，通过一定数量的各案例比较，利用布尔代数的运算法则，可以寻找到集合之间普遍存在的某些隶属关系，从而展开因果关联的分析。

作为一种多案例的比较分析方法，QCA 并不适用于所有案例，它对研究对象亦有特殊要求，概言之，它致力要解释的最好是"多重并发因果"诱致的复杂社会议题。拉金在发明 QCA 之初即指出："社会现象之所以复杂并难以解释，不是因为影响社会现象发生的变量太多（虽然条件变量的数量无疑也是重要的），而是因为与原因相关的不同条件，以某些方式组合起来后产生一个特定的结果。"①

布尔代数运算的基本规定是：以 1 或 0 表示某个变量出现或不出现；用"＋"表示"或"的关系，用"＊"表示"和"的关系，用"～"表示"非"的关系，用"＝"表示"推导出"，用大写字母或"1"表示发生，用小写字母或"0"表示不发生。以上这些符号均用于条件变量和结果变量之间的集合关系的运算。例如，"$A * B = Y$"可解读为条件变量 A 和 B 同时发生时，导出结果变量 Y。在对所有变量进行二分法处理后，QCA 围绕所要研究的结果变量，考察理想状态下存在多少种条件变量的组合，这样能够建立起一套逻辑真值表（truth table），真值表既可以反映出结果在发生或不发生时，多种条件的具体状态，同时还可以得出多种条件的组合关系，进而得出这些组合是如何导致，以及在多大程度上决定了结果的发生或不发生。②

需要强调的是，我们所要研究的意义构建过程，其条件变量并非某个"环节"的发生与否，而是各环节中意义生产要素的出现与否。为了在语义层面辨别这些要素，我们需要借助内容分析和话语分析方法，因此，又必须尽可能完整地搜寻这一过程中的"文本"。

幸运的是，结合互联网检索与前人的研究，我们尽可能完整地搜集了历次

---

① RAGIN C C. The comparative method：moving beyond qualitative and quantitative strategies. Berkeley & Los Angeles：University of California Press，1987：26. 转引自毛湛文：《定性比较分析（QCA）与新闻传播学研究》，《国际新闻界》2016 年第 38 卷第 4 期，第 6 – 25 页。

② 何俊志：《比较政治分析中的模糊集方法》，《社会科学》2013 年第 5 期，第 30 – 38 页。

事件中的"一手史料",并且总结出了同类事件的"历史环节":曝光—动员—行动—妥协—善后。① 在蒂利看来,如果不同的事件以同一种模式化的方式被反复招募、挪用并演绎,那么这类事件便可抽象并提炼为一种新的抗争剧目(repertoire of contention),其中包含了各种戏剧要素,包括行为主体、空间形态、话语观念、符号资源、文化仪式等。② 这一视角对意义要素和文本背景的强调与拉什的"风险文化"视角异曲同工。因此,若我们将历次事件视作共享同一剧本的一连串"抗争剧目",其个案中的所有文字内容和具体行为都可以被视为"文本"。由此,我们将搜集到的史料按其剧目属性分为四类,并按其在整个过程中的历时性进行排序,它们分别是:行动宣言、口号标语、抗争表演和政府公告。需要注意,在本文的研究预设中,传播活动,包括口头、网络、媒体等各渠道,作为"元过程"存在于每个潜在环节中,"传播属性……(对)群体性事件的爆发具有更关键的决定性作用"③,因此,仍旧是为了向"特殊性"发问,我们必须将视野放在对意义建构过程同样起到决定作用的另一因素——"文本"之上。

通常,行动宣言最先"出场",是曝光和动员环节的主要文本,它篇幅较长、叙述完整,通过手机短信、QQ、微信、论坛等网上方式被广泛转发,④ 有时也以传单形式在网下传播。之后,随着事件进入行动环节,口号标语成为主要的文本类型,它们先在网络中被充分制造,而后跟从行动的空间形态变化,从网上渗透到网下,以印刷品和呼喊的方式被加以传播,并以图片、视频形式在网络上再现,作为多模态语被二次传播。与此同时,游行示威行动的组织者们制造了大量更具符号性的"抗争表演",即"剧目的片段……包括为抗争群体所熟悉且可用的……请愿、游说、集会、示威等多种形式"⑤,例如戴口罩游行、沉默游行、儿童示威。它们作为"符号资源",不仅引起了大量网上模仿,而且为历次事件的参与者所沿用。这些"符号"在网上、网下隔空呼应、交错

① 刘晓亮、张广利:《从环境风险到群体性事件:一种"风险的社会放大"现象解析》,《湖北社会科学》2013年第12期,第20—23页。

② TILLY C. Contentious performances. Cambridge:Cambridge University Press,2008.

③ 李良荣、郑雯、张盛:《网络群体性事件爆发机理:"传播属性"与"事件属性"双重建模研究——基于195个案例的定性比较分析(QCA)》,《现代传播》2013年第2期,第25—34页。

④ 封佳俊:《对二甲苯(PX)项目中国发展现状与思考》,上海外国语大学博士学位论文,2014年。

⑤ TILLY C. Regimes and repertoires. Chicago:University of Chicago Press,2010:18.

共生，构成了独特的图像叙事逻辑。最后，事件进入妥协和善后环节，地方政府和公安往往发布旨在平息事态的公告，表达项目暂停或取消之意，并声称将追究游行组织者的法律责任。不过，也有网络群体性事件在网下全面铺开前，政府及时发布公告的例子。

如果我们以蕾切尔·A.史密斯的"污名传播模型"来审视上述文本，行动宣言无疑是最标准的"污名信息"，我们能够清楚分辨其内容中的标记，例如"白血病""原子弹""致癌"等；群体标签，例如"我们""他们""同志们""××市民们""××集团"等；责任感信号，例如"保卫家乡""保护下一代"等；危机信号，例如"60公里内严重污染，范围可覆盖××市区""国际组织规定这类项目要在距离城市100公里以外开发，我们××市区距此项目才20公里"等。此外，上述文本还包含一种"行动信号"，例如"××年5月4日13∶30××××门口文明站立"等，用于指示时间、地点、形式等行动要素。我们将每类信息的出现与否各设为一个条件变量。

在事件的行动环节，各类信息被分摊在口号标语和抗争表演中，例如，组织者会号召参与行动的人"戴口罩，口罩上画×"，"标记"继而被口罩、骷髅头等与"原子弹""致癌"共享隐喻的符号替代；而另外三类信息也蕴藏在口号之中。但是，仍有相当一部分口号标语与"技术"并无直接关联，它们或是经济导向的，例如"××不赚这些钱""要生命不要GDP"；或是政治导向的"×××下台"。尽管我们很难直接套用污名传播模型来对其进行分析归类，但由于这类内容客观上丰富了整个事件的议题种类和话语框架，因此我们仍旧将其视作技术污名化的要素之一，继而将口号标语的内容分为"技术信息""政治信息""经济信息"三类条件变量。

"公告文本"以"维稳"为目的，没有明确的污名信息，但它出现的时机似乎与事件的走向有所关联。因此，我们将公告文本是否出现在游行之前设为一个条件变量。另外，正如张乐和童星所言，同一模式屡次重演可能是社会学习的"示范"效应不断起作用的结果，因此，最近一次同类事件是否游行、是否暴力也可能对行动产生影响，我们根据这一理论假设再增加两个条件变量。

最后，我们设定"游行烈度"为结果变量，设置4个级别：完全没有、小规模（1 000人以下）、大规模（1 000人及以上）、暴力冲突。整体变量与指标设计如表2所示：

表2　整体变量与指标设计表

维度	属性	变量名称	变量赋值
行动宣言	污名信息	标记	出现为1，不出现为0
		群体标签	出现为1，不出现为0
		责任感信号	出现为1，不出现为0
		危机信号	出现为1，不出现为0
		行动信号	出现为1，不出现为0
抗争表演		符号信息	出现为1，不出现为0
		技术信息	出现为1，不出现为0
口号标语		政治信息	出现为1，不出现为0
		经济信息	出现为1，不出现为0
政府公告		发布时机	出现为1，不出现为0
社会学习		是否游行	出现为1，不出现为0
		是否暴力	出现为1，不出现为0
结果变量		游行烈度	暴力冲突为1；大规模为0.67；小规模为0.33；完全没有为0

基于上述分析，我们建构了真值表并将其载入 Tosmana 软件中进行布尔代数运算。在获得结果后，我们将对各关键要素的作用机制进行更为深入的分析。

四、数据分析

根据上述变量的赋值标准，我们对12个案例赋值并制作真值表（见表3）：

表3　真值表

案例	标记	群体标签	责任感信号	危机信号	行动信号	技术信息	政治信息	经济信息	符号信息	发布时机	是否游行	是否暴力	游行烈度
厦门	1	1	1	1	1	1	1	0	1	0	1	0	1
成都1	1	1	1	1	1	1	0	0	1	0	1	0	0.33

（续上表）

案例	标记	群体标签	责任感信号	危机信号	行动信号	技术信息	政治信息	经济信息	符号信息	发布时机	是否游行	是否暴力	游行烈度
大连	1	1	1	1	1	1	1	1	1	0	1	1	1
什邡	1	1	1	1	1	1	1	1	1	0	1	1	1
宁波	1	1	1	1	1	1	1	1	1	0	1	1	1
成都2	1	1	1	1	1	1	0	1	0	1	0	0	0
昆明	1	1	1	1	1	1	1	0	1	0	1	1	1
江门	1	1	1	1	1	1	1	1	1	0	1	0	0.67
茂名	1	1	1	1	1	1	1	1	1	0	1	1	1
上海	1	1	1	1	1	1	1	0	1	0	1	0	0.67
连云港	1	1	1	1	1	1	1	1	1	0	1	1	1
湛江	0	1	1	1	1	1	0	0	1	1	0	0	0

（一）单因素必要性检验

我们首先对原始真值表进行必要性检验，如果条件 X 是结果 Y 的必要条件，则 Y 对应的集合是 X 对应集合的一个子集，相应的必要一致性指标（necessary consistency）的取值应该大于0.9。结果如表4所示，发现"污名信息"，包括行动宣言中的标记、群体标签、责任感信号、行动信号，以及口号标语中的政治信息，还有抗争表演中的符号信息，对于事件的必要一致性为1.00，而政治信息为0.96，当一致性达到0.9时，可判断该变量为必要条件。[①] 另外，我们注意到"发布时机"的必要一致性为0，这意味着当政府公告未能在游行前发布时，游行必然发生。因此，上述条件变量对结果变量必然发挥作用，缺一不可。

---

① SKAANING S E. Assessing the robustness of crisp-set and fuzzy-set QCA results. Sociological methods & research, 2011, 40（2）: 391 – 408.

表 4　单因素一致性检验

变量	一致性
标记	1.00
群体标签	1.00
责任感信号	1.00
危机信号	1.00
行动信号	1.00
技术信息	1.00
符号信息	1.00
经济信息	0.65
政治信息	0.96
发布时机	0
（上次事件）是否游行	0.77
（上次事件）是否暴力	0.39

（二）条件组合充分性分析

在单个条件变量达不到成为必要条件的情况下，我们需要测量其组合是否能够成为结果的充分条件，即 X 对应的集合是否为 Y 对应集合的一个子集。因此，已被证明属于必要条件的单个变量需要被移出真值表。在 QCA 中，真值表算法检验的是各条件组合的充分一致性（sufficiency consistency），判断阈值为 0.8。另外，覆盖率（coverage）也十分重要，代表结果在多大程度上能被该条件组合解释。我们使用 Tosmana 的 fsQCA 算法，在对结果进行简化后获得两个有效组合，一致性为 1.00，整体覆盖率为 0.58。简言之，58% 的游行可被这两种组合解释，而它们分别能够解释其中的 35% 和 23%。结合先前判断出的必要条件，我们可以得到两组主要路径：

表5　主要组合

编号	必要条件组合	充分条件组合（一致性，覆盖率）
S1	标记＊群体标签＊责任感信号＊危机信号＊行动信号＊技术信息＊政治信息＊符号信息＊	经济信息＊～是否游行＊～是否暴力（1.00，0.35）
S2		经济信息＊～是否游行＊～是否暴力（1.00，0.23）

由此，我们得到：结果＝标记＊群体标签＊责任感信号＊危机信号＊行动信号＊技术信息＊政治信息＊符号信息＊～发布时机＊（经济信息＊～是否暴力＋～经济信息＊是否游行＊～是否暴力）。

这一条件组合证明，污名信息对结果起决定性作用，正面验证了以技术为对象的狭义的污名化对于反PX、反钼铜、反核等邻避行动事件的意义建构过程至关重要。在此基础上，政治信息进一步拓展了技术污名在传播过程中的议题框架，提升了动员效能，成为广义上的技术污名化机制中的重要环节。

另外，经济信息在意义建构的过程中并未起到决定性作用，"邻避视角"的"成本—收益"说在此并不能得到完全佐证；最近一次行动是否游行、是否暴力对结果的影响也十分有限，"社会学习视角"无法得到完全验证。此外，我们可以明确发现政府在行动前及时发布公告的重要性。当然，结合实际案例来看，这一"重要性"仍旧与内容密切相关，简言之，只有政府说"不建、停建"时，这一条件或许才能发挥作用。

为了进一步探寻和平游行升级为暴力示威的原因，我们将原有的结果条件更改为"本次行动是否暴力"，出现为1，反之则为0。经过必要性测试后，政治信息的一致性从0.96上升到了1.00，简言之，政治信息是行动暴力化的必要条件之一。

至此，我们已经不仅摸清了技术污名的建构过程究竟包含哪些关键环节与要素，而且还对它们的重要性进行了细致的检验，接下来，我们将要尝试解答各要素通过何种机制来建构意义。

五、分析与讨论

在前人的研究中，污名化更接近于一种已经取得合法地位的框架，与之有关的因素一旦出现，便可唤起受众对于受污者的恶意，继而激发特定行为。从历史经验来看，涉及个人行动或集体行动的社会运动，情绪动机都是其根本原因。而且，基于实验心理学的研究，情感智力理论（theory of affective intelligence）认为，恐惧和愤怒是最为基础的两类情绪。① 恐惧触发焦虑，在传播过程中，通过分享与身份确认，个体可以寻找到与自己情形相似的其他人，他们集结成群体，尽管往往是一盘散沙，却可以克服恐惧，激发愤怒与勇气，而这会导致冒险；当传播过程诱发集体行动，最有力的积极情绪——热情就占了上风，被热情鼓舞的网络化的个体（指普遍相连的，而非互联网化的）克服了恐惧，构成有意识的集体角色，缺乏组织的"群体"开始向有组织的"团体"衍化，它可以引燃价值，指向明确的社会动员。② 正如卡斯特尔（M. Castells）所言，社会变革源自传播行动，其中涉及与人类大脑神经网络的关联，因为其信号刺激来自周围环境中的传播网络。那么，在情绪向认知推进、个体向团体衍化、围观向游行发展的过程中，上一节末尾所总结出的各种意义要素究竟是如何发挥其作用的呢？

（一）直指生命健康的恐惧诉求

反观历次事件中的标记、危机信号和抗争表演中的各类符号信息，针对个人生命健康安全的直接威胁从来都是最先出场的，并且贯穿始终。其机制与"恐惧诉求"策略如出一辙，这是一种以劝服为目的的传播策略，该策略试图通过唤起恐惧感，以激发受众的预防动机和自我保护行为。它首先提供"威胁信息"，令受众产生恐惧心理，继而提供"保护性措施"，期待受众通过实践这些措施来消除恐惧。③ 简言之，"威胁—受众—恐惧"是其机制。

具体而言，"威胁评估"和"措施评估"是受众解读恐惧诉求时的两个必经步骤。④ 而标记的作用就是在受污者与污名间创造类比任务，例如"原子弹、

　① DAVIES P，NEWMAN B I. Winning elections with political marketing. New York：Haworth Press，2006.

　② CASTELLS M. Communication power. Oxford：Oxford University Press，2013.

　③ ROGERS R W. Cognitive and physiological processes in fear appeals and attitude change：a revised theory of protection motivation//CACIOPPO J T，PETTY R E. Social psychophysiology：a sourcebook. New York：Guilford Press，1983：153 – 176.

　④ WITTE K. Putting the fear back into fear appeals：the extended parallel process model. Communication monographs，1992，59（4）：329 – 349.

白血病、PX",当受众接到这类任务时,威胁评估会立刻起作用,受众通过"严重性认知"和"易感性认知"两项指标,来判断威胁的严重性以及人遭受危险的可能性。[①] 当"我们要生存""我们要活命"等危机信号,以及"口罩""儿童"等符号信息发挥作用时,它并不要求受众依靠对文字的理解和逻辑思辨来对劝服话语进行追问、分析与回应,而是通过"在场感"所酝酿着的巨大情感力量,将受众吸入感性刺激所营造的情感漩涡中,而暂时抑制理智的思辨过程。[②] 即通过将"脆弱的生命"直接暴露在"死亡威胁"中,令受众面临"濒死体验",来提升受众对于 PX 威胁的严重性和易感性认知,继而放弃对类比任务合理性的理智追问。

在受众完成威胁评估后,如果认为情况危急,便会开始措施评估,而行动信号则直截了当地将"游行"解释为保护性措施,接着,受众会通过"反应效能感"和"自我效能感"两项指标,评估"保护性措施"的有用性与可行性。在这一环节内,群体标签通过定义"我们""他们",为个体在接下来的传播活动中团结什么人、反对什么人做了明确指引,责任感信号进一步将行动"正义化、合理化",个体就此集结成为面临同一威胁的"命运共同体",保护自己、家人以及子孙后代的"命运安全"成为群体的首要任务,继而顺理成章地将个体引向"危险控制"环节:投身到行动中去。否则,当受众感到措施无效或执行起来代价过高时,"恐惧控制"便会起作用,受众会通过否认、曲解威胁信息,来降低自身的恐惧感。[③]

这种直指生命健康的恐惧情绪在传播中最能吸引受众。例如,根据 1986—2003 年皮尤研究中心的调查,美国受众最关注那些威胁生命安全或违反社会规范的故事,而这部分只占新闻总数的 7%。[④] 麦独孤在其《社会心理学导论》中说到,恐惧一旦被引发,就会比另外任何本能都更容易使其他心理活动立刻停

① 张莉、辛自强:《类比推理研究的回顾与展望》,《心理研究》2009 年第 2 期,第 9 - 15 页。

② DILLARD J P, PECK E. Affect and persuasion: emotional responses to public service announcements. Communication research, 2000, 27 (4): 461 - 495.

③ WITTE K, ALLEN M. When do scare tactics work?: a meta - analysis of fear appeals. San Diego: The Annual Meeting of the Speech Communication Association, 1996.

④ GRABER. The road to public surveillance: breaching attention thresholds//NEUMAN W R, MARCUS G E, CRIGLER A N, et al. The affect effect: dynamics of emotion in political thinking and behavior. Chicago: University of Chicago Press, 2007: 265 - 290.

止，更易于把注意力牢牢固定在一个物体上，而不及其余。① 在接受了恐惧诉求后，受众很难再从主观上意识到其行动可能造成的其他负面影响。

（二）作为"文化模因"的技术恐惧

至此，我们对"非理性"的来源有了较为明确的认识，但"情绪"是如何绕过理智的考验，转化为长期记忆而被保存下来的？或者，它是否通过其他机制被储存在集体记忆与社会文化中？

在拉什看来，"风险社会"更像一种文化现象，基于意义的建构过程，有其独特的继承与发展方式。上述每一次事件，都是"意义"被不断生产、复制、传播、模仿、再传播的过程。在循环中，"文本"的实体被抽象为一个个可供"模仿""复制"的基本信息单位——模因，它通过与基因遗传活动类似的"传播活动"来繁衍、变异。② 而历次邻避行动事件中的相当一部分"模因"，本身就是具有污名特质的符号，如"原子弹""骷髅""口罩"和"游行儿童"。而上述"模因"在与其社会文化环境的互动中与某种终极性价值观（terminal values）建立了联结关系。罗克奇（M. Rokeach）认为，人对生命意义有着终极的期望，它们能触发人的系统性认知，并保存在长期记忆中。③ 例如"儿童"本就先天地象征着希望、快乐、自由、纯洁、安全等终极性价值观，当其被置于"游行示威"这一含有危险性、争议性的观看空间时，这一属性便被进一步放大，受众在对终极性价值的"理性认同"与"合理构想"中，悄无声息地同化并接受模因所要传递的意指内容，进而将其作为相当于生活经验的刺激源，与此相关的愤怒、焦虑、恐惧也一并被作为长期记忆保存下来。

需要注意的是，受众理智的作用对象是"价值观"，而非创造这一价值联结的内容。如此"顺利"，是因为与之类似的"模因"一直在人类的社会文化环境中反复出现，从自然主义到新卢德主义（neo-Luddism）④、从《弗兰肯斯

---

① 谭钟：《恐惧诉求理论及其在广告传播中的应用研究》，四川大学硕士学位论文，2006 年。

② 何自然、何雪林：《模因论与社会语用》，《现代外语》2003 年第 26 卷第 2 期，第 200 - 209 页。

③ ROKEACH M. The role of values in public opinion research. Public opinion quarterly, 1968, 32（4）: 547 - 559.

④ GLENDINNING C. Notes toward a neo-Luddite manifesto. Utne reader, 1990, 38（1）: 50 - 53.

坦》到《终结者》，各种社会运动、文艺作品、理论思潮都在试图向我们展现着在自然辩证法面前人与技术间关系的复杂性。在极端状态下，比如生命受到威胁时，深植于人类社会文化中的对技术发展和现代化的隐忧，便会表现为学者所称的"技术恐惧"（technophobia），"非理性"是其主要特征。① 它作为人类社会的潜意识，长存于"风险文化"之中。

综上，技术污名化作为意义建构的全过程，通过对污名信息、政治信息的反复传播，刺激各级行为主体的情绪与价值，进而影响其态度与认知、激发特定行为。其中产生实际意义的信息在与社会文化环境的互动中，与"技术恐惧"建立了终极性价值观层面的联结关系，并被以"模因"的形式保存下来，继而在同类事件发生时得以反复出现。

六、总结

在"风险文化"理论的观照下，本文揭示了我国邻避行动事件所经历的风险的意义建构过程，以及所面临的技术污名化问题。进而在经典污名化理论和既有案例研究的烛照下，对 12 个同类事件的一手资料进行模糊集定性比较分析，探索出技术污名化过程中参与意义生产的关键要素，而其模因则与社会文化中既有的"技术恐惧"反复互构，使得同一模式得以在历次事件中被不断招募。在这一过程中，特定意义要素的传播激发了受众的情绪，情绪促进认知，认知影响行为。事件主体完成从缺乏组织的"个体""群体"，到组织化、目标化的"团体"，再到复杂多元之"社会"的逐级衍化；同时各级主体也经历了从"生命健康安全"到"社会安全"的认知衍化；群体行为则由网上的转发、围观，迈向网下的游行、暴力。据此，我们提出"技术污名化的六维渐进传播模型"，简称"技术污名化传播模型"（见图 1）。其中，纵向箭头代表逐层影响，横向箭头代表逐格影响，虚化箭头代表可能发生的影响或跨层影响，虚线框里的因素代表其具有开放性与可建构性。在此图示指引下，互联网社会中复杂社会行动的动员机制，特别是情感动员机制变得一目了然，并且，其核心因

---

① WEIL M M, ROSEN L D. The psychological impact of technology from a global perspective: a study of technological sophistication and technophobia in university students from twenty-three countries. Computers in human behavior, 1995, 11 (1): 95 – 133；赵磊：《技术恐惧研究的现状及其存在的问题》，《科学技术哲学研究》2013 年第 6 期，第 46 – 51 页。

素与社会既有文化环境的互构过程也得以呈现。

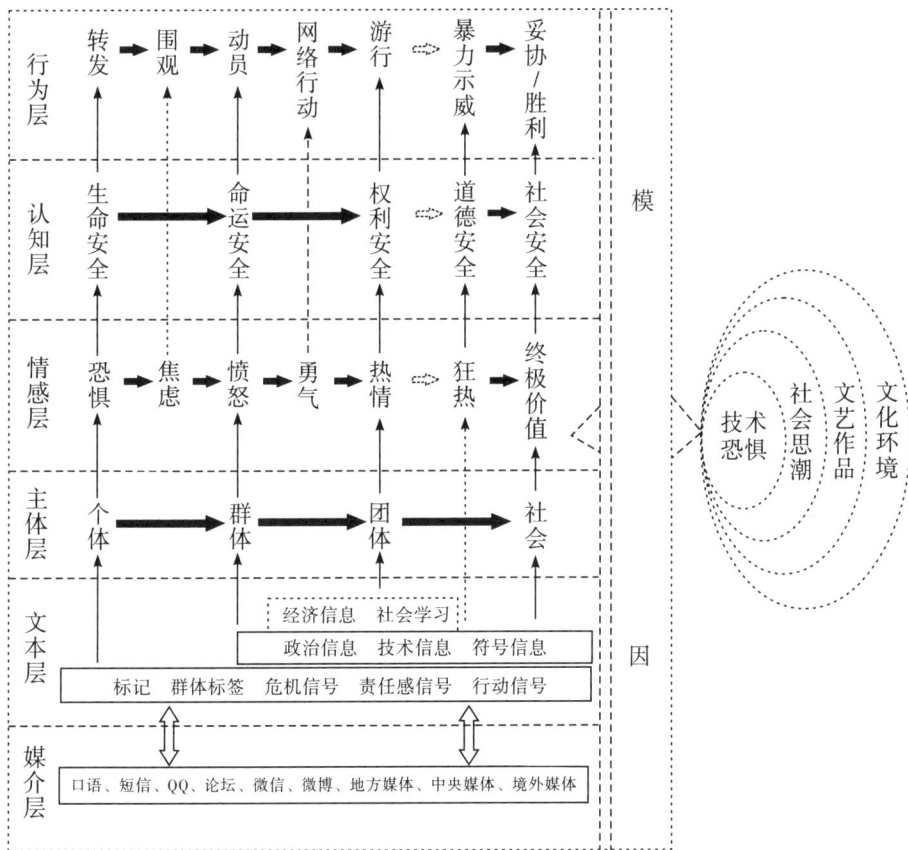

图 1 技术污名化的六维渐进传播模型

七、不足与展望

限于篇幅，本文尚缺对事件参与者、组织者的深度访谈，因此无法以信度更高的定性分析方法判断各项因素对受众产生的实际影响。为此，我们将在下一步的研究中着重进行田野调查，评估模型所示各环节的真实效果。

（原载于《现代传播（中国传媒大学学报）》2018 年第 2 期）

论恐怖主义袭击事件的传播管理*

汤景泰　王　萌

近年来，恐怖主义袭击事件在全球范围内时有发生。这类事件有组织、有预谋、破坏力强、危害范围广，不仅给事发国家和地区带来巨大灾难，也严重影响到世界的和平与稳定，成为人类社会的一大公害。对我国而言，恐怖主义袭击是一种危害较大的危机类型。非常有必要从处置方式及新的媒体环境的挑战等角度，深入探讨针对恐怖主义袭击事件的传播管理。

与一般危机事件的传播管理相比较，恐怖主义袭击事件中的难点首先在于它不仅是一种暴力恐怖活动，还是一种暴力传播行为。美国国务院在 2002 年《全球恐怖主义形势报告》中把"恐怖主义"定义为由亚国家组织或秘密团伙人员对非作战目标采取有预谋的"有政治动机的暴力行动，通常意图以此对某些方面施加影响"①。可见，恐怖主义的暴力袭击并不是恐怖分子的最终目标，由此表达的政治诉求和政治影响才是他们的终极指向。根据这种逻辑，暴力就成为恐怖活动的符号，袭击成为一种典型的传播行为。不仅如此，恐怖分子还常把自己打扮成受害者的模样，以博取舆论同情。因此，面对频发的恐怖主义袭击事件，在进行严厉的暴力打击的同时，也极其有必要进行积极稳妥的舆论打击。此外，恐怖主义袭击通常以暴力手段袭击国家的标志性物件，尽力制造民族、地域或宗教仇恨，扩大社会恐慌，激发公众对政府的不满，从而试图动摇所攻击国家的根基。因此，如何抑制公众恐慌，避免公众因恐惧而产生的民族、地域、宗教仇恨或报复行为，调控公众对政府的不信任或不满情绪，也成为严峻的挑战。

* 本文是国家社科基金项目"重大突发公共事件依法报道的新闻机制研究"（11BXW027）、教育部人文社科青年项目"新媒体语境下的危机沟通研究"（11YJC860043）阶段性成果之一，得到中央高校基本科研业务费专项资金资助。

① U. S. State Department. Patterns of global terrorism；2000. Washington D. C.：Department of State，2001，转引自李曦珍、王晓刚、陈璐：《恐怖的声音与声音的恐怖——"9·11"后全球传播时代的恐怖主义意识形态陷阱透视》，《新闻与传播研究》2011 年第 4 期，第 17 页。

基于上述难点，针对恐怖主义袭击这种突破人类文明底线的行为，传播管理的基本宗旨应该是，建构系统化的危机传播管理体系，凝聚一切反对恐怖主义的力量，形成同仇敌忾的社会氛围。

一、信息公开以"我"为主

随着公众知情权保障程度的提高和政府社会治理水平的提升，进行及时、准确的信息公开已经成为公共危机处置的一个基本原则。由于恐怖主义袭击的主要目的之一是制造社会恐慌，但一些政府出于对公众恐慌情绪的担忧，往往不愿意进行充分的信息公开。不过，危机传播的相关研究早已证明，相关信息不公开或者公开不充分，容易导致更大范围的社会恐慌。特别是在当下的新媒体环境中，恐怖主义袭击事件发生后的第一时间，相关信息即已经通过社交媒体大规模传播扩散。例如，在2014年3月1日的昆明暴力恐怖事件中，新浪微博用户"我要存钱买药"在当晚9：25即通过微博发布了求救信息，公布了事件地点和事发现场图片。随后又有多名在场网友发布微博，立即引发广泛关注。此时如果政府长时间无反应，留下的信息真空不仅会给谣言传播提供充足的空间，继而引发更大范围的混乱，还会在更长的时间内引发公众对政府的负面评价，并导致信任危机。因此，面对恐怖主义袭击，仍然要继续坚持信息公开原则，而且官方主动公开信息的时间越早越好。明确这一点，需要重点思考的是公开什么信息以及如何公开。相对而言，欧美国家有着较为丰富的应对恐怖主义袭击的经验，下面就以美国、英国发生的三起典型恐怖主义袭击事件为例来进行详细分析。

表1 美国、英国发生的三起典型恐怖主义袭击事件

事件名称	发生时间	官方声明速度	公开内容	公开方式
"9·11"事件	2001年9月11日9：00	9月11日9：30，布什总统就恐怖事件发表声明	1. 恐怖主义袭击事件详细信息（时间、地点、死伤情况及事件发展过程）	1. 主动联系媒体发布信息（总统发表电视演说、相关部门召开新闻发布会等）
伦敦爆炸案	2005年7月7日9：15	7月7日11：01，布莱尔首相发表声明	2. 官方态度（全力救援、努力侦破、谴责恐怖行为、打击报复恐怖主义、表达未来期许）	2. 利用新媒体，通过政府网站或相关社交媒体官方账号滚动发布信息
波士顿爆炸案	2013年4月15日14：50	4月15日15：10，奥巴马总统发表全国电视讲话	3. 安抚民众情绪、慰问受害者及其家属	

从表1可以看出，美国和英国政府都做到了及时公开，其中两起事件的官方声明时间距事发时间没有超过半天。另外，从信息公开的内容和渠道上，还有两个特点：

（1）针对事件所处的不同阶段，进行有重点的公开。恐怖主义袭击发生后，政府应当及时通报人员伤亡和财产损失情况，公开救援方案，开展事件原因调查。而在恐怖主义袭击结束后，则应该侧重于谴责恐怖主义袭击行为，公布案件调查结果，传达官方打击恐怖势力的决心，抓捕犯罪嫌疑人，慰问受害者及其家属。

（2）充分利用各类媒体，实现充分公开。在恐怖主义袭击发生后，美英政府皆主动为新闻媒体提供警戒线以外的采访区，并主动向媒体提供相关信息，安排相关负责人接受媒体采访，协助媒体报道。同时，他们也积极利用官方网站以及在推特、脸书等社交媒体上开设的官方账号，滚动传播相关信息。

在昆明"3·1"恐怖主义袭击中，我国政府也积极进行了信息公开。昆明当地媒体《春城晚报》于22：01通过微博发布相关消息，《人民日报》通过官方微博于22：30也进行了报道，国内一些媒体官方微博旋即跟进。此外，昆明广播电视台K6春城频道还展开了现场直播。新华社也在第一时间播发了习近平

主席于 3 月 2 日凌晨 3∶44 做出的重要指示。这对于公众认清事实起到了不可替代的作用。我国政府在此次事件中的信息公开较为克制，因暴力恐怖事件牵涉广泛，在相关信息公开上需要慎之又慎，即使这可能使海外分裂分子得以首先发声。例如，在昆明"3·1"暴力恐怖主义袭击事件发生后，欧美主流媒体在报道中纷纷对暴行表示谴责，但部分媒体却并不认同对事件的定性。例如，美国有线电视新闻网（CNN）发表报道《持刀的"恐怖分子"在中国的火车站杀死 29 人、砍伤 130 人》，给"恐怖分子"打上了引号。同时，美国驻华使馆把昆明此次事件描述为"毫无意义的暴力行为"，引发批评。此后，美国国务院发言人普萨基终于认可这次袭击为恐怖行为，却又明白表示美国没有独立的消息来源对此进行证实。[①] 其中当然反映了西方一些媒体和政府的偏见及其根深蒂固的"逢中必反"的逻辑，但也应意识到，此次事件中的信息公开成了他们自我辩解的口实。

有鉴于此，针对恐怖主义袭击这种国际关注度较高的事件，仍然需要进一步提高信息公开水平。首先，相关部门应迅速成立新闻舆情处置小组，结合国内外形势和事态严重程度，在危机处置的黄金时期内，快速明确信息发布内容，统一发布口径，准备通稿，掌握发布主动权，及时发布事实和事件处置进展，明确事件的处置态度和方式。其次，构建信息发布的立体网络。一方面，通过新闻发言人以发布会等形式，迅速向国内外主流媒体提供消息，协助媒体报道；另一方面，积极利用官方微博、微信公众号、官方网站等。最后，为了强化信息覆盖力度和扩大信息覆盖范围，还应建立信息滚动公开机制。

二、分阶段优化议题设置

作为一种暴力传播活动，恐怖主义袭击还利用现代传播规律，有意识地将其置入媒介议程和公众议程，并借此形成压力冲击政策议程。因为媒体对危机事件具有建构作用，承担着将无形的、不确定的危机具象化的任务，所以恐怖分子为了把自己及其诉求引入公共话语空间，会通过恐怖活动形成媒体事件，从而植入媒体议程。这样，"恐怖组织通过大众传媒将暴力活动转化和放大为一种精神的或心理的暴力。它吸引了公众的眼球，获得了关注，扩大了恐慌，从而以'舆论'为杠杆间接地向相关政府施加压力"[②]。为了防止恐怖分子达到这一目的，避免社会恐慌，在恐怖主义袭击事件的传播管理中，除信息公开外，

---

① 《美国承认昆明恐袭但无法独立证实》，凤凰卫视，2014 年 3 月 14 日。

② 李曦珍、王晓刚、陈璐：《恐怖的声音与声音的恐怖——"9·11"后全球传播时代的恐怖主义意识形态陷阱透视》，《新闻与传播研究》2011 年第 4 期，第 17 页。

还需要进行精心的议题设置。

　　新闻媒体在报道一次危机事件时，通常分为以下四个阶段①：第一个阶段是报道突发新闻，第二个阶段开始于具体的细节信息逐渐明朗之时，第三个阶段包括分析危机及其后果，第四个阶段通常包括周年回顾报道。恐怖主义袭击作为危机事件的一种，媒体除了对来自官方的权威信息进行报道之外，在事件的不同阶段，应该关注的话题是不同的。具体如表 2 所示：

表 2　媒体在恐怖主义袭击事件发生的各个阶段的议题设置

发展阶段	报道类型	报道内容	应该做什么	不应该做什么
恐怖主义袭击发生时	描述现象为主的浅层报道	来自官方提供的权威信息；前方记者的现场观察	1. 准确、客观报道事实 2. 采访决策者及救援行动指挥者	1. 传播谣言、夸大事实 2. 采访当事人回忆案发细节
恐怖主义袭击发生后	描述具体细节信息为主的浅层报道	伤亡人数及财产损失情况；政府表态与救援情况；民众的表现；犯罪嫌疑人特征	1. 引导民众合理适度地正视灾难 2. 避免一味地正面化，可适度地唱颂歌，但不能全是正面报道 3. 既报道物质救灾，也关注精神救灾（突出对受害者与弱者的人道主义关怀；鼓励健康生活的信念，传播正能量）	1. 传播过于血腥暴力的画面 2. 使用煽动民族仇恨、引发全民报复心理的极端词语 3. 干扰救援现场 4. 对处理危机的组织与个人进行过分责难 5. 过分煽情
恐怖主义袭击结束后（按照时间先后）	分析解释恐怖主义袭击事件发生原因为主的深层报道	恐怖分子如何策划；案件善后处理情况；社会各界对遇难者的缅怀及对其家属的慰问		
	对恐怖主义袭击进行整体评估和反思为主的深层报道	反思恐怖主义袭击事件发生前是否有预警，补救措施是否获得效果；持续关注受害者及其家属		

　　① ［美］凯瑟琳·弗恩－班克斯著，陈虹等译：《危机传播——基于经典案例的观点》，上海：复旦大学出版社，2013 年，第 34 页。

在具体的操作实践中，有两个讨论比较热烈的问题：

第一，在对恐怖主义袭击事件的报道中，受害者及家属该不该被采访，恐怖主义袭击现场该不该被还原？答案是肯定的。然而，采访过程中"度"的问题应如何把握，值得进行更深入的思考。首先，恐怖主义袭击发生后，幸存者需要紧急治疗，而受害者家属正处于情绪波动期，因此记者若在这个阶段直接采访当事人，既影响正常救援行动，也是对当事人的二次伤害。建议媒体在当事人心情平复下来之后，才在恐怖主义袭击案件的追踪报道当中进行采访。其次，血腥暴力画面可能更有视觉冲击力，更能反映事件的危害程度和影响，但不恰当地使用极易渲染血腥气氛，引发民众恐慌，媒体尤其是传统媒体必须保持克制，谨慎选择。

第二，恐怖主义袭击事件发生后，能不能做以反思为主题的报道？在本次昆明"3·1"事件发生之初，在要不要反思此次暴力恐怖主义袭击事件这一问题上，网友之间争议激烈。根据一般规律，反思性报道当然要做，但要特别注意把握时机和主题。从时机上来说，事件发生之初一般不做反思性报道。之所以如此，有两个方面的原因。一方面，事件刚刚发生，信息不充分，事实不清楚，反思难以具备深度和客观性。另一方面，恐怖主义袭击的目的就是要制造恐慌和压力，针对政府政策和执政方针等方面的反思性报道倾向于批评，恰恰正中恐怖分子下怀，客观上起到了为恐怖分子声张的不利作用。正是因此，根据印度学者温卡·塔拉曼（S. Venkatraman）的研究，在"9·11"事件发生后的第一天里，46家美国当地报纸在报道该事件时，描述事件的占绝大多数，分析事件发生社会原因的只有9%。①

三、抓住打击恐怖主义的核心话语

在恐怖主义袭击事件后，为了迷惑公众，减轻舆论压力，恐怖分子通常会把自己粉饰成受害者，或者把恐怖主义袭击描述为一种万不得已的行为。例如在昆明"3·1"恐怖主义袭击事件中，海外分裂势力就无理指责我国政府，并盲目站在人权和道德的制高点混淆是非，以赢得国际舆论支持。因此，在恐怖

---

① ［印度］温卡·塔拉曼主编，赵雪波译：《媒体与恐怖主义》，北京：中国传媒大学出版社，2006年，第129页。

主义袭击事件的传播管理中，还应抓住打击恐怖主义的核心话语。

核心话语是指在危机事件中具有主导性的传播主题，主要功能在于传播危机管理者在面对危机事件时的核心价值主张，为采取的处置措施寻找合法性依据。因此，通过明晰且正确的核心话语，可以传达坚决而正确的话语立场和态度，有效地凝聚一切积极力量。在恐怖主义袭击中，恐怖分子针对非武装人员有组织地使用残忍暴力，制造社会混乱和恐慌来达到其政治目的。从最基本的人性伦理上来说，没有任何理由可以让恐怖分子把无辜者的生命作为实现自己诉求的手段。所以，恐怖主义袭击是严重反人类的暴力行为。面对此类事件，核心话语理应紧紧围绕打击恐怖主义、维护平民生命安全、维护人类文明底线等方面，形成同仇敌忾的阵势。

例如，在"9·11"事件中，美国在外交和宣传中声称，"对世界贸易中心和五角大楼的攻击不是对美国的攻击，而是对全世界的攻击"；"所有国家必须站在一起，消除国际恐怖主义的蹂躏"。而当沙特阿拉伯的王子阿勒瓦利德·本·塔拉勒宣称"9·11"事件说明美国应该重新检讨对于中东的外交政策并且缓和巴勒斯坦情势时，时任纽约市市长的朱利安尼回复道："这次恐怖分子攻击没有任何道德意义，没有任何正当理由……我认为导致这次攻击发生的原因之一，便是有些人在衡量道德时忘掉了自由民主制的国家如美国和以色列与那些宽恕恐怖主义的国家之间的差异为何。所以我认为这些说法不但是错误的，它们本身就是造成这次攻击的元凶之一。"① 此外，朱利安尼断然拒绝了塔拉勒王子代表沙特阿拉伯所提供的 1 000 万美元救灾捐款。由此可以看出，美国政府否认"9·11"事件的任何正义性，并以对恐怖主义的态度划分世界阵营，这体现出了对打击恐怖主义这一核心话语的坚守。

四、善用危机修辞调控社会情绪

修辞是对语言可能性的运用。在危机中，修辞替代不了应急就困、价值救赎和利害补偿，但可以提升它们的效率和质量。"优秀的修辞不一定能够拯救危机，但糟糕的修辞一定会恶化危机，甚至自取灭亡。"② 面对恐怖主义袭击，政

---

① "鲁迪·朱利安尼"，中文百科，http://www.zwbk.org/MyLemmaShow.aspx?lid = 97176。

② 胡百精：《危机传播管理》，北京：中国人民大学出版社，2009 年，第 203 页。

府和媒体应格外审慎，因为他们的修辞选择和使用都能在无形之中表达出态度和倾向，并影响社会情绪。一般而言，应注意以下几点：

第一，尽量避免使用"报复""战争"这样的词语，以免传达全民仇恨。

"9·11"事件发生后，美国政府给一些国家戴上"邪恶轴心""流氓国家"等帽子，布什总统的电视演讲中明确指出"发动战争"，并指出一定会"win the war against terrorism（赢得反恐战争）"，这就是一种为达到政治目的而进行的煽动，是为了让国民相信"邪恶国家"就是恐怖事件的策划者，从而为美国政府准备对这些国家进行的军事行动找借口。

第二，尽量避免使用地域、宗教、民族等标签，以免引发地域、民族或宗教冲突。

伦敦爆炸案发生后，英国首相布莱尔在案件未侦破的情况下发表声明刻意强调"穆斯林"，把矛头直指伊斯兰激进组织，试图引导并暗示民众此次袭击与伊拉克战争没有关系，这是明显的地域和宗教歧视。

第三，面对恐怖主义袭击造成的惶恐，应当注意调控社会情绪，在伤痛、悲戚的氛围下，注重激发希望，力避失落、绝望，引导公众间的关心与帮助。

例如，奥巴马在波士顿爆炸案发生后发表的演讲中用"tragedy（悲剧）"来形容发生在马拉松比赛现场的事故，称之为"the moment of grief（悲伤的时刻）"，但人性的光辉在演说中同样找得到："When Bostonians carry victims in their arms, deliver water and blankets, line up to give blood, open their homes to total strangers, give them rides back to reunite with their families, that's love.（当波士顿人用胳膊搬运伤员，提供水和毯子，排队献血，对陌生人打开家门，开车送他们回去与家人团聚，这就是爱。）"最后表示："Tomorrow the sun will rise over Boston. Tomorrow the sun will rise over the—this country that we love, this special place, this state of grace.（明天太阳依然会在波士顿升起。明天太阳依然会在这个我们热爱的国家、这个特别的地方、这个受恩典的州升起。）"

五、及时辟谣，柔性管理新媒体

随着新媒体的快速发展，对恐怖主义袭击事件的传播管理面临着更多新的挑战。

首先，在自媒体传播形态下，信息传播速度远远超过把关速度，公民新闻出现失范，社交媒体谣言四起、血腥图片泛滥。例如，在"9·11"事件发生后，突发的灾难信息就已经通过互联网在公众间广泛传播。到了伦敦爆炸案，移动互联网的发展使得来自手机媒体的大量现场图片、文字、视频由普通大众上传至互联网，并为更多人分享。而在波士顿爆炸案中，以推特为代表的社交媒体平台一方面为恐怖主义袭击案件侦破提供了关键线索，但另一方面也一度发布错误消息并为传统媒体引用，严重干扰了案件的正常侦查。在昆明"3·1"事件发生后，谣言传播同样肆虐。事发当晚就传出昆明大树营地区也发生了暴力事件的谣言。事件发生近两周，各地还不时传出谣言，引发大面积社会恐慌。例如，3月14日，成都春熙路砍人谣言致公众恐慌，数百人沿街狂奔。该消息在社交媒体上传播之后，更是影响恶劣。恐怖主义研究专家布莱恩·詹金斯（Brian Jenkins）认为，恐怖主义是一种"追求效果的暴力"，"恐怖分子设计戏剧性事件，以达到最大的公众注意度"。[①] 从社交媒体对恐怖主义袭击事件的传播来看，无疑帮助恐怖分子实现了获取最大关注的目的。

其次，意见领袖（如网络大V）产生了一定影响。恐怖主义袭击事件中，受过专业训练的新闻从业人员、亲身经历案发现场率先发言的普通人等，都容易成为意见领袖。具体到我国而言，在新浪微博和腾讯微信公众号平台，还有众多网络大V。他们关注社会热点，频繁发声，拥有众多粉丝，在网络上一呼百应。这些网络大V的关注内容与意见表达，对舆论的形成与演化产生着极大的影响力。

鉴于上述情况，政府在恐怖主义袭击事件发生之后的传播管理中，应注意三点：①要密切监测舆情发展，及时通过手机短信、手机App、官方微博、官方微信、电视等多种渠道辟谣，稳定公众情绪。②利用各种渠道呼吁并引导公众不传谣、不造谣，不理会个别极端声音，不传播血腥暴力画面，保持克制和冷静。③积极主动地与意见领袖沟通，达成理解，营造同仇敌忾的舆论氛围。

（原载于《新闻记者》2014年第5期）

---

①　周展等编著：《文明冲突、恐怖主义与宗教关系》，北京：东方出版社，2009年，第42页。

风险治理篇

…… ……

论新媒体语境下公共决策中的民意沟通[*]

汤景泰

近年来，随着各类新媒体的不断涌现，民意拥有了更多的表达渠道。公众积极就各类热点事件表达意见，呈现出鲜明的跨地域与全时空的特点，对公共决策产生的影响力日趋广泛和深入。与此同时，党和国家的重要文件也一再强调"保障公民的知情权、参与权、表达权、监督权"①。但不容忽视的是，在一些地区和部门，公共决策与民意间的矛盾却不断出现。在个别地区，甚至还出现了因公共决策遭受民意否决而引发群体性事件的现象，如从 2007 年厦门 PX项目迁址事件、2009 年番禺垃圾焚烧厂事件，到 2012 年的四川什邡事件、江苏启东事件、宁波 PX 事件等。一方面，这体现出政府在公共决策中对民意的重视，是公共决策民主化进程中的进步；另一方面，其中也暴露出政府在公共决策中对民意的理解，以及如何将民意融入决策过程的具体路径上存在严重短板。

公共决策与民意的关系研究，历来在学界、业界颇受关注。综观这些研究，研究者们重点关注了政府决策中存在决策被动、决策公关缺乏理性等问题；②并且针对公共决策形成过程中的信息收集和增强接受性两个阶段，提出了民意重要性的问题；③ 而在具体的实现路径中，则关注了政府决策中如何做到听取民意的问题。④ 总体来看，国内学者的研究都重视了民意之于公共决策成败的重要性，但在除听取民意之外，如何系统认识民意与决策的关系以助科学决策仍然存在欠缺。在欧美国家，关于公共决策与民意关系的研究相对更加系统，

* 本文是教育部人文社科青年项目"新媒体语境下的危机沟通研究"（11YJC860043）的阶段性研究成果之一，得到中央高校基本科研业务费专项资金资助。暨南大学新闻与传播学院研究生李婷婷对于本文写作做出特别贡献，在此表示感谢。

① 董天策：《知情权与表达权对舆论监督的意义》，《西南民族大学学报（人文社科版）》2008 年第 8 期。

② 赵建国、刘祎：《政府决策公关与媒体民意引导——以广州番禺垃圾焚烧项目为视角》，《东南传播》2010 年第 4 期。

③ 张淑华：《网络民意与公共决策》，上海：复旦大学出版社，2010 年。

④ 李伟民：《我国政府决策科学化与民主化问题探略》，《传承》2009 年第 4 期。

如约翰·克莱顿·托马斯（John Clayton Thomas）的《公共决策中的公民参与：公共管理者的新技能与新策略》，反复思考并解释公共管理者在不同决策情况下，应以怎样的标准选择不同范围、不同深度的公民参与这一核心内容。西方学者的研究给我们提供了重要的理论参考，但如何与中国社会语境与实践相对接，仍是需要进一步思考的问题。

一、民意与公共决策

（一）民意

首先需要指出的是，尽管民意是一个被广泛使用的概念，但学界对其内涵却一直众说纷纭。美国舆论学家李普曼（Walter Lippmann）在其名著《舆论学》中提出，人们吸收客观事实后形成脑中印象，再对客观事实做出表达，就形成了民意（public opinion）。魏宏晋在《民意与舆论——解构与反思》中认为：具有民主政治价值意义的民意，简单而言就是公众的意见，也就是较正面的人民群众的集体意见表达。① 台湾学者余致力则进一步辨析说："民意的'民'不必然等同全民，民意也未必一定是多数民众的意见。当然，特定的民意如果在人数上多过未表达意见或持反对意见的人时，我们可以称这种民意为多数民意或主流民意。"② 李昌昊结合现代社会的民意形态，将民意界定为"多元主体和类型下的民意"：指一个或一个以上的自然人、法人或非法人组织针对特定时间内的特定议题的主观意愿和态度。可以包括全体民意、多数民意、少数民意、个体民意，也可以包括自然人民意、法人民意、非法人组织民意等诸多种类，由此亦可称为"多元民意"。③ 综观国内外学者对民意内涵的辨析，可以明确的有两点：①民意是公众对公共议题的看法。②民意是相当数量公众的意愿和态度，这个数量是一个涵盖宽泛的概念，并没有具体规定，因此有多数民意、少数民意之分。

---

① 魏宏晋：《民意与舆论——解构与反思》，台北：台湾商务印书馆，2008 年，第 9 页。
② 余致力：《民意与公共政策——理论探讨与实证研究》，台北：五南图书出版股份有限公司，2002 年，第 36－37 页。
③ 李昌昊：《民意之概念检讨及其价值探寻》，《中共南京市委党校学报》2009 年第 1 期。

从民意的这两点本质特征上看，公共决策中倾听民意是实现科学决策的保证。对于高品质的政策而言，有几种信息是必需的：第一，管理者需要有关政策在其作用范围内运转状况的信息；第二，管理者需要有关公众偏好的信息；第三，管理者可能需要关于某个问题或者其解决方案的技术信息。[①] 这三点无疑都需要通过听取民意来实现。然而，民意在概念与实务中存在的矛盾与悖论，又决定了公共决策过程中不能仅仅听取民意。原因在于：①尽管人们用自以为是的理性做出意见表达，却很可能事与愿违，民意中不一定包含真正的"理性"。魏宏晋的定义认为，民意是公众意见的主动表达，并且是理性思考后的看法。但从李普曼的角度来看，我们在脑中形成的印象会决定我们的意见和行为，可是这和客观事实经常有很大的差距，一则因为我们可能没有足够的时间去得到与事实有关的足够的资讯，二则有很多先入为主的观念会影响我们对于事实的认知——尤其因为民意不一定是公众主动的意见表达，也有可能是被外在力量操纵或者建构。②既然民意有多数民意、少数民意之分，表现为一种多元存在，那么在公共决策中对民意的落实必然有所选择、有所放弃。

（二）公共决策

按照美国政治学家戴维·伊斯顿（David Easton）的政治系统分析框架，公共决策过程可被看作一个由政策输入、政策转换、政策输出三大环节构成的完整系统。[②] 西蒙（Herbert A. Simon）最先把"过程"概念引入决策研究中，提出了决策四阶段论：①找出决策的理由，即发现问题、确立目标、搜集信息阶段，是决策的起点。②找到可能的行动方案，即拟订备选方案，每个备选方案由决策目标、环境参量和决策变量三个基本部分组成。③在诸行动方案中进行选择，即"抉择活动"。④对已进行的抉择进行评价和修正，即"审查活动"。[③]拉斯韦尔（Harold Lasswell）在他的《决策过程》一书中，把政策的制定过程划分为情报（intelligence）、建议（promotion）、规定（prescription）、合法化（invocation）、应用（application）、终止（termination）和评估（appraisal）七个

---

① ［美］约翰·克莱顿·托马斯著，孙柏瑛等译：《公共决策中的公民参与：公共管理者的新技能与新策略》，北京：中国人民大学出版社，2005年。
② ［美］戴维·伊斯顿著，王浦劬等译：《政治生活的系统分析》，北京：华夏出版社，1999年，第42页。
③ 薛冰、梁仲明、程亚冰：《行政学原理》，北京：清华大学出版社，2005年，第125－130页。

阶段。我国学者陈淑云把公共决策过程进一步简化为三个基本环节：议程的设立——发现公共问题并引起决策者关注；方案的制订——政策方案的设计、选择和确定过程；政策合法化——制定后的政策公布、执行和评估的过程。

尽管不同学者对公共决策具体过程的细分和阐释不同，毋庸置疑的是公共决策的框架本身就预留了大量供政府沟通民意的空间。其根本源于公共决策的本质属性——决策客体针对公共事务和公共利益，这是它与其他政策最大的区别。公共决策的本质属性与其实现过程的系统化结构，共同决定公共决策中政府与民意存在必然的博弈。具体而言，在政策输入阶段，什么样的公共议题应该提上政策议程；在政策转化阶段，如何进行方案拟订与筛选以确保政策实现公共利益的最大化；在政策输出阶段，应最终敲定哪一种决策方案，以及对已进行的抉择进行后续评价和修正，都是政府与民意博弈的焦点。

（三）民意与公共决策的关系

通过对民意本身复杂性的辨析，及其在理论与实操两个层面的矛盾和悖论，我们可以说，民意与公共决策之间存在矛盾，但这种矛盾并非不可调和。为了实现公共利益的最大化以及取得不同利益主体之间的利益平衡，客观上要求政府在公共决策中做到与民众进行充分的对话沟通。这种平等的公开对话沟通，对于社会共识的形成极其重要。因为在公共空间中，社会成员通过各种各样的媒介或面对面交流去探讨共同关心的事件，并因而能就这些事件形成一种共识。[1] 尊重民意，将民意纳入公共决策整体进程，在决策过程中进行充分的民意沟通，是实现公共决策合理化、合法化的重要保障。因此，要实现成功的公共决策，政府最关键的是要在决策输入阶段放开决策议程设定，提供有效的渠道与平台，让民众充分表达自身的利益诉求，凝聚共识，进而推动某一公共议题提上决策议程。在决策转化、输出阶段，政府重在对公共决策的质量要求把好关。公共决策的质量要求是指任何与最终决策本质相关的政策或管理上的约束。[2] 比如，技术约束：用以限定应该考虑哪些政策解决方案（因为有时经验表明，某种特定的解决方案并不能有效地运作）；规章约束：任何决策过程都必

---

[1] 韩升：《生活于共同体之中——查尔斯·泰勒的政治哲学》，北京：中国社会科学出版社，2010年，第197页。

[2] YETTON V. Leadership and decision-making. Administrative science quarterly, 1973, 18（4）：21-22.

须涉及的法定因素；预算约束：某种问题解决方案可以花费多少钱。在整个公共决策过程中，政府扮演的应是一种议程设置者、平台提供者、游戏规则制定者的角色，让民意得以充分表达，实现与民众的充分对话沟通。在此过程中，政府要牢牢把握公共利益的方向，并在政策质量把关方面发挥权威作用，以保证所制定的决策真正有利于民。

特别值得一提的是，与民意保持对话，并不意味着政府要将所有权利让渡给民意，而是更强调双方的平等互动。对于政府而言，应该为公众参与的整个程序做出安排，在政策质量规定方面发挥权威作用，并对问题结构界定提供权威性的解释。①

二、民意沟通

民意沟通的具体内涵从实际操作的层面，可以分为听取民意与争取民意两个部分。梳理近年来民意否决公共决策的案例，当下政府公共决策最为公众诟病的地方在于：政府缺乏将民意纳入整个公共决策过程中的决策思维和实现路径。决策输入阶段民意缺席，公民知情权、参与权得不到保障，致使公共决策从一开始就缺乏合法性与合理性。决策转化、输出阶段，政府在已然遭受民意质疑的情况下，缺乏进一步争取民意支持的智慧和举措，致使政策的合理性、合法性没得到必要的证明和维护，最终导致公共决策在质疑声中流产。

在近年来的诸多公共决策危机案例中，无论是厦门 PX 项目迁址事件、番禺垃圾焚烧厂事件，还是四川什邡事件、宁波 PX 事件，公共政策从最初的议程设置、方案制订到政策实施，往往历经几个月甚至几年的时间，在这期间，民众往往对政策的制定毫不知情，直到政府公告某项政策即将实施，遭受严重的民意反弹，甚至是从最初的网络舆情发酵溢出现实，演变为网下群体性事件，才会真正引起政府注意。

然而，当公共决策处于广泛质疑声中时，政府的决策思维往往又走向另一个极端——一味顺从民意，不争取民意，对政策的科学性、合理性不予充分解释和回应，直接草率停止决策。这种方式，表面上看起来是尊重民意，但其实是让决策成为民意的臣仆，视决策为儿戏。此外，只争取民意、不听取民意的

---

① ［美］约翰·克莱顿·托马斯著，孙柏瑛等译：《公共决策中的公民参与：公共管理者的新技能与新策略》，北京：中国人民大学出版社，2005 年，第 67 页。

做法也不少见。在公共决策遭受严重质疑之后，政府依旧一味宣传政策本身如何科学合理，试图说服民众接受决策，而不以开放的姿态与平台听取民意，在汇聚民智中完善决策方案，最终致使民意进一步反弹，进而导致公共决策流产。

总而言之，发生政府公共决策危机的关键在于，没有将民意纳入公共决策的整个过程，缺乏听取民意与争取民意的态度和实施路径。要实现科学决策和民主决策，最重要的是转变政府公共决策的思维，始终坚持听取民意与争取民意同在的立场，并通过有效途径将听取民意与争取民意落到实处，以促进决策的顺利制定与实施。

同时需要注意的是，在公共决策输入、转化和输出的不同阶段，听取民意与争取民意其实是一体两面，二者要贯穿公共决策的整个过程。在公共决策输入阶段，政府要充分听取民意，以确定哪些公共问题该提上政策议程。这一过程，政府广泛收集民意信息并非盲目行动，而是在有组织、有计划、对公共议题有基本预测、对公共利益方向有大致把握的基础上实施，本身某种程度上暗含争取民意的态度。在公共决策转化、输出阶段，是决策方案拟订、筛选和完善的阶段，其间政府固然要针对政策的科学性、合理性与民众沟通，争取民意的理解和支持，同时仍需要保持开放的姿态和提供开放的平台，持续听取民意，汇集民智，以促进决策方案不断完善。

三、民意沟通的实施路径

随着新媒体的蓬勃发展，民意沟通有了更多的渠道。这既刺激了公众的参与热情，又在潜移默化中改变着官民沟通的观念。因此，在新媒体语境下，改善民意沟通现状，需要从传播观念、传播手段、传播内容等多个方面努力。

（一）转变政府传播观念，从宣传转为对话

政府传播就是政府基于自身的使命和价值理念，通过公共信息的有效供给来履行政府职能的活动与过程。[①] 政府传播观念停留在宣传视角而并非传播视角，是致使民意在公共决策中缺席的关键原因之一。在决策议程设置、方案拟订的阶段不重视民意参与，直至政策输出投入实施方以公示、正面报道等方式告知公众，是典型的宣传思维运作的结果。如 2012 年 7 月四川什邡宏达钼铜项

---

① 田军：《政府传播概念探析》，《学习与探索》2004 年第 2 期。

目遭受民意质疑之后，什邡政府在"什邡发布"中回应：项目遭到群众坚决反对，是因为"前期宣传不到位"。但事实上，他们忽视了一个更为本质的问题——关系到当地国计民生的重大决策，必须让人民群众充分参与，这是必需的决策程序。

对话与宣传最大的区别在于信息是单向流动还是互动。实现传播观念从宣传到传播的转化，关键要做到从满足公众知情权这一人类信息交往活动的基础和前提出发，把受众本位、双向互动、坦诚交流的逻辑理性与善用方法、多点渗透、潜移默化的实践要求有机结合起来，立足于传播诉求与传播效果的一致性，实现以人为本的价值内核。[①] 英国学者斯图亚特·霍尔（Stuart Hall）曾提出一种阐释"编码"与"解码"关系的新模型：编码和解码的符码并非完全对称，对称的程度（在传达交流中"理解"和"误解"的程度）依赖于"人格化"、编码者——生产者和解码者——接收者所处的位置之间的对称/不对称（对等关系）的程度。霍尔指出："符码之间缺乏相宜性在很大程度上取决于广播者和听众之间关系与地位的结构差异，但也取决于'信息来源'与'接收者'的符码之间的不对称性，这种不对称发生在转换为和脱离话语形式这一环节。所谓'扭曲'和'误解'恰恰因传播交流的双方缺乏对等性而产生。"[②] 同理，公共决策危机作为政府与公众之间信息"扭曲"和"误解"的表现，从根本上看，是两者传播交流缺乏对等性而产生的。因此，在公共决策过程中，要求政府自始至终保持与民众对话的态度。在政策输入阶段，充分听取民意，在互动中达成共识，共同推动政策议程的设置。在政策转化、输出阶段，除了透明公开政策制定的进展情况，对决策的重要性、合理性、科学性进行正面宣传和阐释，还需要广泛吸纳民众的声音、态度和意见，平衡各方利弊，对决策方案进行进一步优化。尤其是在决策遭遇民意质疑时期，更需要摒弃高高在上的宣传姿态，树立传播、对话思维，给予民意释放、发泄足够的时间和空间。任何在民意未能充分发泄的情况下，一味急于宣传、进行舆论引导的做法，都会引发新一轮民意质疑。决策者只有放下身段、摆正姿态，以平等的态度与群众进行充分沟通，承认网络民意表达中的合理部分，并且针对舆情方向采取疏导的方式，主动开展全民讨论和民意征询会，给网络舆情在现实中的宣泄提供窗口，才能做到主动化解矛盾而不是激化矛盾。

[①] 曹劲松：《政府传播力量的构建——"软实力与政府传播国际研讨会"综述》，《现代传播》2009 年第 6 期。

[②] ［英］斯图亚特·霍尔：《编码，解码》，罗钢、刘象愚主编：《文化研究读本》，北京：中国社会科学出版社，2000 年，第 348 页。

（二）运用立体化传播手段，强化传播能力

从现实情况来看，政府在公共决策中进行民意收集、民意争取时，传播手段呈现出单一化、传统化的特点，是导致政府无法满足公众合理的信息需求的重要原因。政府传播分内部传播、外部传播，但无论内部传播还是外部传播，都分本体性渠道传播和媒介性渠道传播。前者是政府工作人员通过语言、动作、表情等人体符号所进行的传播，比如讲话、聊天、表情暗示等；后者则是借助于人体以外的媒介形式，如文件、会议、电子邮件、刊物、网站等所进行的信息传播。公共决策中政府要进行充分的民意沟通，均应采取内部传播与外部传播相结合、本体性渠道传播和媒介性渠道传播相结合的方式才能实现。

要进行有效的民意听取与民意争取，实现对信息资源的有效供给与配置，关键应在以下两个方面取得突破：

1. 实现传播手段多样化

如多与意见领袖（如网络大 V）沟通、让公众广泛参与决策调查，并充分使用各类新媒体；召开咨询委员会（如各种座谈会、听证会）和使用各种调解方法（如宣传、游说）等。为了弥补单一公众参与方法的缺陷，政府管理者应该考虑运用其他方法补充，或者在不同阶段或步骤中采取不同的技术方法。①结合我国社会特点，尤其要重视传统媒体在公共决策过程中的发声，借助传统媒体的权威平台进行信息公开、民主监督和舆论引导，而不是通过行政干预给传统媒体布置"命题作文"，致使其在公共决策遭遇民意质疑时保持沉默，错失释疑解惑、沟通民意的契机。

2. 实现传播手段的现代化

尤其注重以微博为代表的网络传播手段的运用。在网络媒体越来越发达的"大众麦克风"时代，公众越发习惯于在网络上发声，政府若忽视网络传播手段的运用，网络问政工作就形同虚设，公共决策听取民意、汇聚民智的过程就大大受限。而当民众质疑某项公共决策时，若这部分民意得不到及时关注和回应，随着网络舆情的发酵，民意会逐渐溢出互联网，引致现实生活中群体性事件的发生，阻碍公共决策的进程。在 2012 年发生于四川什邡的钼铜项目事件中，虽早在什邡举行盛大开工典礼的 20 天前，就有天涯论坛网友通过发帖的方式表达对该项目引发环境污染问题的担忧，随后当地民众和一些外出离乡人员

① ［美］约翰·克莱顿·托马斯著，孙柏瑛等译：《公共决策中的公民参与：公共管理者的新技能与新策略》，北京：中国人民大学出版社，2005 年，第 97 页。

通过微博、BBS 和 QQ 群等社交网络展开大规模的讨论，但遗憾的是这些在网络上发酵的民意并没有得到政府方面的关注。要实现科学公共决策，政府必须进一步利用现代传播手段，切实落实网络问政工作，及时获知社情民意并进行有效的协商对话。

（三）优化传播内容，传达透明、科学的信息

纵观多个民意否决公共决策的案例，不难发现这样一个现象：在决策遭遇民意质疑之后，不少政府并不缺乏听取民意、争取民意的态度和做法，但成效甚微，甚至引发了更大的舆论质疑。究其原因，问题出现在政府传播内容本身。回应内容与民意诉求不对应，是导致争取民意走向失败的节点。事实上，公众的忧虑和质疑往往源于信息的不对称。民意质疑公共决策，除了对政府决策过程的民主化、法制化存在诟病，更多质疑源于决策本身的科学性。政府只有将议题锁定在决策的必要性、可行性及科学性上，回应与诉求对应，才能最大程度消除公众疑虑，推动决策进程的进一步前移。

2007 年厦门 PX 项目因"集体散步"而被迫停止，但同样的项目迁到漳州后却得以顺利实施。2011 年 3 月，已转任泉州市市长的李建国总结 PX 项目成功落户漳州的经验时表示："最主要的一条就是向群众解释清楚，打消群众对 PX 项目的顾虑。"在 PX 项目刚迁到漳州时，当地百姓并不认同。漳州市政府先后组织漳州各级党政机关和学校收看"石化项目科普讲座"，分批次组织机关干部、民意代表、村干部、学生等 500 多人赴南京、日本等地考察，邀请包括两院院士在内的专家开展科普讲座，以及印刷数万份宣传册分发到每家每户，对决策的必要性、可行性及科学性进行全面诠释，最终推动项目在漳州平稳落地。与之形成对比的是，当公众对有关决策科学性求知若渴时，有些地方往往用官话、套话、空话、错话来回应公众，不仅未能满足公众真实的信息需求，其流露出的官僚气息以及敷衍搪塞的态度反而招致公众更大的反感。

总而言之，公共决策遭受民意质疑，不能总以决策的草率停止为结局。这种做法损害的不仅是政府形象和公信力，更是社会发展效率和公众利益。公共决策中如何充分进行民意沟通，将听取民意、争取民意落到实处，以促进公共决策的顺利实施，有待政府及全社会在实践中进一步努力探索。

（原载于《暨南学报》2013 年第 8 期）

论政府舆情治理

——基于社会治理理论的视角*

汤景泰

由于互联网兴起所带来的媒介生态变化，网络目前已经成为不容忽视的公共喉舌和中国社会转型中的倒逼力量。特别是近几年来，移动宽带互联网的发展，不仅丰富了互联网信息内容，也改变了信息的传播格局，使得传播主体更加多元，传播内容更加丰富，传播速度更加及时，由此悄然改变着政府、媒体以及公众的互动机制，促使舆情对社会的能动作用更加突出。与此同时，值得注意的是，个别传统媒体无视职业道德，挟裹民意，制造舆论暴力；部分公关公司雇佣"网络水军"，伪造民意，甘当舆论打手；此外，一些外国政府、机构和媒体也在我国的新媒体平台开设账号。空前复杂的舆论形势，对管理者构成了严峻挑战。

一、舆论：自由的危险与限制自由的危险

从理论传统来看，由于舆论存在着"无限制的自由的危险与限制自由的危险"，所以对待舆论的态度一直以来就存在着自由与管制两种传统。根据施拉姆（Wilbur Schramm）的梳理，在极权主义时代，管控无疑占据了主导地位。意大利马基雅维利和中国韩非子力推的帝王之术无不强调对舆论的强力控制。而近代以来，随着自由主义理论的兴起，在约翰·弥尔顿（John Milton）、约翰·密尔（John Stuart Mill）和托马斯·杰斐逊（Thomas Jefferson）等先贤的努力之下，"意见的自由市场"理论又占据了主导地位，言论自由的原则深入人心。

但管制的声音和理论基础也并未就此隐没。实质上，约翰·密尔在提出捍

* 本文是国家社科基金青年项目"新媒体语境下公共决策中的风险沟通研究"（14CXW046）、教育部人文社科青年项目"新媒体语境下的危机沟通研究"（11YJC860043）的阶段性研究成果之一。

卫言论自由、反对政府干预的同时也指出："当社会作为集体而凌驾于构成它的个别个人时……这种社会暴虐比许多种类的政治压迫还可怕……因此，仅只防御官府的暴虐还不够；对于得势舆论和得势感想的暴虐，对于社会要借行政处罚以外的办法来把它自己的观念和行事当作行为准则来强加于所见不同的人，以束缚任何与它的方式不相协调的个性的发展，甚至，假如可能的话，阻止这种个性的形成，从而迫使一切人物都按照它的模型来剪裁他们自己的这种趋势——对于这些，也都需要加以防御。"① 约翰·密尔指出的这些需要防御的问题，实际上已经为政府管控合理性埋下了理论伏笔。更重要的是，正如西方市场经济理论发现了完全的自由主义容易出现市场失灵的危险一样，"意见的自由市场"在实践中也出现了失灵的危险。因此社会责任理论在言论自由的前提下又对之进行了纠偏。在此之后，众多理论家又更进一步论述了政府干预的必要性。例如，桑斯坦（Cass R. Sunstein）提出了"自由主义的温和专制主义"（libertarian paternalism），其中"自由主义"是指要保留人们的选择自由权，"温和的专制主义"则是指政府应该主动影响人们做决定的过程，以改善人们最终的决策。② 费斯（Owen M. Fiss）认为"要求干预的理论是，培育全面、公开的辩论是一个对国家而言可允许的目标，这种辩论确保听众听到所有应该听到的声音"③。

不仅如此，还有经济学家从成本的角度论述了政府干预的必要性和合理性。例如，在1973年12月美国经济学会关于"第一修正案的经济学"的年度会议上，经济学家科斯（Ronald Harry Coase）提交的论文《商品市场和思想市场》，就对宪法第一修正案中禁止政府对"思想市场"管制提出了不同看法。他认为，思想市场是知识分子从事经营的市场，与商品市场之间没有本质的差别，如果说政府有权管制商品市场的话，那么政府也应当有权管制思想市场。而"如果想象一下可能需要的产权制度（property rights system）和保证传播改革思想或建议之士都获得由此产生的利益或补偿由此导致的损害所必须开展的交易，那么，就不难看出，在实践中，很可能存在大量的'市场失灵'，这种情况通

① ［英］约翰·密尔著，许宝骙译：《论自由》，北京：商务印书馆，1959年，第4-5页。
② 马凌：《风险社会语境下的新闻自由与政府责任》，《南京社会科学》2011年第6期。
③ ［美］费斯著，刘擎、殷莹译：《言论自由的反讽》，北京：新星出版社，2005年，第11页。

常会促使经济学家提倡广泛的政府干预"①。具体到底应该加强管制还是弱化管制，科斯认为应基于成本进行考量。尽管该文发表后引起了激烈的争议，并受到美国新闻界的批评，但其基本逻辑却相当严谨。另外，经济学家米尔顿·弗里德曼（Milton Friedman）也持类似看法。他认为："自由言论的本质与自由交换的本质一样，在于参与者的双方获利。希望在于：在这一过程中，在我们每个人都有所得的同时，它使得我们得以协调我们的分歧。"但现实是由于"没有认识到在将完全不同的标准应用到产品市场的做法中所存在的不一致性"，结果将出现混乱局面。这种混乱局面使每个人都要自己决定什么是重要的，他们将悲叹于这样的"重复"与"竞争浪费"。因此，"很多人，或许是大多数人，将不得不反对这样的自由"②。

在这样一种趋势下，自由与管制的两种传统似乎陷入了"公说公有理、婆说婆有理"的情势。不过值得注意的是，虽然两派主张相对，但其背后对于政府与"意见市场"的关系却基本一致，即政府与媒体的对立，双方的分歧只是在对政府和"意见市场"角色的认知上。自由派倾向于认为政府是干涉言论自由的妖魔，而管制派认为"意见市场"存在失灵的风险。

但随着新媒体的快速发展，政府与意见市场间泾渭分明的关系已经被改写。在传统大众传播时代，意见市场主要依托的平台是大众媒体。但在新媒体时代，互联网打造了一个更加广泛和统一的平台。在这个平台上不仅有传统媒体，各类政府部门也通过网站、社交媒体加入进来。对于政府来说，拥有这样一个平台意义举足轻重，因为从某种意义上说，政府已经在媒体化了。

更重要的是，互联网平台上的舆论主体更加多元化了。以我国为例，由于全球化浪潮与社会转型，网络舆论场域里形成了多元化的舆论主体。而随着移动宽带互联网的发展，基于地理位置、App 应用等形成的社会群体分化更加复杂。微博、微信等社交工具的快速推广，各类新闻客户端的普遍应用，使得网民成为各类互联网应用工具主导下的一个个专门化群体。这种社交形态和信息获取特征，显著强化了互联网人群的群体化特征，对社会事件的发生发展产生

---

① ［美］罗纳德·H. 科斯：《商品市场和思想市场》，《美国经济评论》1974 年第 5 期，转引自［美］罗纳德·H. 科斯著，罗君丽、茹玉骢译：《论经济学和经济学家》，上海：格致出版社，2010 年。

② 《经济学中的价值判断》，米尔顿·弗里德曼著，高榕等译：《弗里德曼文萃》，北京：北京经济学院出版社，1991 年，第 1－8 页。

了全方位影响。在这样一个"人人时代",公众因互联网的赋权而迅速具有了强烈的权利意识和参与意识,舆论主体更加多元。

媒介发展史早已经一次次证明,一种新媒介的出现必然会改变传统的社会结构和权力关系。而新媒体的发展,意见平台的统一与舆论主体的多元化必然会冲击传统政府和媒体之间的关系结构,并由此改变舆论问题上自由—管制的二元形态。从实践来看,这种冲击已经表现得相当明显,导致无论自由还是管制都显得进退失据。例如,"网络水军"在世界上成为一大网络公害。2011年3月,据英国《卫报》报道,美国军方正在与一家本土公司合作开发一种新型软件,可以帮助该国的网络间谍利用多个虚假身份,也就是俗称的"马甲",在脸书、推特等各大社交网站上参与聊天或者发帖,以制造亲美言论。而且报道透露,他们不在英语网站和本国网站上发言,而在阿拉伯语等网站冒用他人身份登录,结果遭到国际舆论批评。①"网络水军"已经逐渐规模化、专业化、产业化。诸多案例显示,"网络水军"的蓄意抹黑、恶意炒作,形成舆论暴力,侵犯个人隐私,误导公众,伪造民意,甚至干预司法,不仅带来极大的政治风险,还形成严重的商业隐患。面对这些问题,各国政府依靠传统的管理体制和机制常感力不从心,故纷纷进行改革。但不断涌现的新媒体也在不断发掘管理的真空地带和灰色地带,让这些改革在很多情况下都变成一场徒劳。而一些过于强力的措施,又对言论自由造成伤害。我国是积极寻求网络舆情有效管理的国家之一,出台了众多的规章制度,并采取了技术和人工相结合的诸多措施,但仍然面临一定问题,如"法律层面:标准模糊,介入部门众多"②。

二、舆情治理:走出自由与管制的二元藩篱

通过以上理论和实践两方面的梳理可以看出,新媒体的出现和利益主体的多元化,使得意见观点呈现多元化趋势,并由此打破了传统媒体和官方对话语权的垄断,形成了舆情的多声部化。在这种众声喧哗的趋势下,传统的以防控为核心、以应对为目的的网络舆论管理理念与方法日益捉襟见肘。世异时移,

---

① 《制造亲美言论的美国"网络水军"》,凤凰网,http://news.ifeng.com/gundong/detail_2011_04/02/5524632_0.shtml,2011年4月2日。

② 曾宪平:《网络舆情的政府治理研究》,福建师范大学硕士学位论文,2011年,第38 – 39页。

面对急剧变化着的媒体环境和社会生态，网络舆情需要跳出传统自由与管制的二元藩篱。对此，治理理论给我们提供了一个创新视角。

20世纪90年代，经济全球化和世界一体化对传统的政治统治结构造成了严重冲击，而信息技术革命的普及也让传统的官僚组织结构和行政运行模式受到了前所未有的挑战。在这种背景下，治理理论迅速成熟并发展起来。

从理论主张来看，"治理"是对传统"统治"和"管理"理念的扬弃，强调要在政府的主导之下实现治理思维体系、话语体系和制度体系的综合"大转型"。① 全球治理委员会于1995年在《我们的全球伙伴关系》中指出：治理是各种公共的或私人的机构管理其共同事务的诸多方式的总和，它是使相互冲突的或不同的利益得以调和并且采取联合行动的持续的过程。它既包括有权迫使人们服从的正式制度和规则，也包括各种人们同意或者以为符合其利益的非正式的制度安排。"治理是一个动态的过程，并非单纯的规则或者活动；治理的手段是协调、合作，而非控制；治理的领域非常宽泛，既涉及公共领域，也涉及私人领域；治理是一种持续的互动，并非正式的制度安排。"②

从其理论主张可以看出，治理理论有助于解决此前传统政府的痼疾，能够适应社会利益多元化发展趋势，由此"从统治走向治理，是人类政治发展的普遍趋势。'多一些治理，少一些统治'是21世纪世界主要国家政治变革的重要特征"③。在我国，党的十八届三中全会公报也指出："全面深化改革的总目标是完善和发展中国特色社会主义制度，推进国家治理体系和治理能力现代化。"

在新媒体环境下，从治理理论的视角来看政府和舆论主体的关系就不仅仅是如何处理和媒体的关系，而且还要处理好和多元舆论主体的关系。1946年，美国报刊自由委员会的专门报告《政府与大众传播》曾把政府与媒介的关系概括为三种类型，即利用自己的权力限制大众传播中的讨论，采取肯定性行动鼓励更好更广的传播以及政府成为双向传播的一部分。④ 而基于治理理论，政府除了保障言论自由、鼓励更好更广的传播，以及与媒体形成互动之外，还要与舆论中的多元主体形成互动和对话关系。

---

① 周天楠：《推进政府治理能力现代化的关键》，《学习时报》，2013年12月30日第A6版。

② 俞可平：《治理和善治引论》，《马克思主义与现实》1999年第5期。

③ 俞可平：《推进国家治理现代化的六大措施》，光明网，http://www.gmw.cn/sixiang/2014-04/02/content_10875772.htm，2014年4月2日。

④ 朱春阳：《社会责任论中"政府—媒介"关系再探》，《西南民族大学学报（人文社科版）》2006年第2期。

不仅如此，由于舆情不仅是治理的对象，还可以帮助其他领域创新治理，所以政府还要利用舆论平台，成为规则的制定者以及舆情民意中各项意见和建议的落实者。具体来说，舆情是民情的动态反映，是民意的集中体现，也是现代社会重要的政治资源，从舆情中可以把握到社会治理创新的着力点和落脚点。社会治理的出发点是解决好人们最关心、最直接、最现实的利益问题，维护最广大人民的根本利益。"多谋民生之利，多解民生之忧"，就成为社会治理公共利益最大化的价值取向。而考察中国舆情主旨之所向，则始终离不开民生这条主线。关注公众的思想动态，积极跟踪各项决策部署引起的舆情反响，进而提出有价值的对策和建议，这样舆情就可以成为知民意、晓民情、察民心、解民忧的重要途径，并为科学决策、民主决策提供不可或缺的依据。事实上，近年来的社会管理创新，也正是在户籍、高考、养老、医疗等民生焦点问题上和舆情找到了共振点，从而推动了热点、难点问题的解决。因此，创新社会治理，还需要从舆情中汇民意、聚民智。基于这一逻辑，政府又要成为公共舆论平台的提供者、规则的制定者以及舆情民意各项意见、建议的落实者，这样才能既强化自身的行政合法性，又从具体微观角度提高行政能力。

三、舆情治理的实施路径

基于政府与舆论主体的新型关系，要实现网络舆情的善治，就需要按照治理理论的基本原则，实现治理主体的多元化，探索新型的治理方式和治理机制，并由此打造新型的舆情治理体系。

（一）坚持政府主导性，培育网络舆情治理的多元主体，界定清晰的权责界限

根据治理理论的要求，要从政府单一主体管理变为民主、参与式、互动式的多元主体治理。对于政府来说，就应在坚持主导性的前提下培育多元主体。就社会管理来说，过度行政化会使社会资源配置模式过于单一，导致整个社会僵化和低效化，而且在社会冲突中把自身置于矛盾的焦点。鉴于这些问题，应当放手让互联网协会等民间组织发挥其应有作用，同时也应接纳各类守法的网络意见领袖（如网络大 V）参与到舆情治理中来。

从当前趋势来看，一些政府部门已经在尝试。例如，2013 年 8 月，国家互联网信息办公室主办了网络名人社会责任论坛，国信办主任等领导与网络名人

交流座谈。许多地方政府和宣传部门也转变思路，邀请网络大 V、名博主考察、采风，如陕西网络大 V 一行走进绥德，四川广安邀请网络大 V 参加"小平故里行"，江苏宿迁邀请网络大 V 参加"2014 中国政务微博路在何方"高层论坛，广东也举办了"粤来粤好——2014 年网络名人看广东"等活动。① 政府部门对网络大 V 开门示好仅是走出了第一步，如何从体制机制的层面对其治理主体的身份进行确认，还需要进一步探索。

（二）以内部的整体性治理和外部的互动机制为重点，创新舆情治理机制

在新媒体时代，舆情治理处于一个开放而多元的信息环境之中。在这样的形势下，舆情治理工作就不再只是宣传部门的事情，而是需要打破传统各司其职的观念，拓宽视野，重新思考大传播时代舆情治理机制的构建。

从政府角度而言，治理分为内部治理和外部治理。从内部治理机制来说，需要构建整体性治理机制。新媒体语境下，信息传播突破地域壁垒，传播速度加快，用户交互式传播，这大大提升了全国甚至世界范围内的议题共鸣和议题溢出效果。单一区域内的突发事件一旦处理不恰当，便很可能裂变为全国性的舆情事件，可谓"一点发难，烽火四起"，这给传统以地域和部门区隔建立的管理体制造成了巨大冲击。因此，针对这些问题，应在网络舆情的内部治理机制中探索整体治理机制。整体治理机制又称复合治理机制，是整体性治理理论的重要主张。作为后新公共管理时代的新型政府治理理论，整体性治理理论强调"以社会需求为治理导向，以信息技术为治理手段，以协调、整合和责任为治理机制，对治理层级、功能、公私部门关系及信息系统等碎片化问题进行有机协调与整合，不断'从分散走向集中，从部分走向整体，从分散走向整合'，为社会提供无缝隙且非分离的整体型服务的政府治理图式"②。基于整体性治理理论，在舆情治理中，有机协调与整合舆情相关的管理部门，同时充分发挥政府、媒体和社会等各类组织的优势，是一条有待探索的重要路径。

从外部治理机制来看，关键还要转变传统的宣传模式，建立多元主体间的对话沟通机制。传统的宣传方式是一种较为典型的单向信息传播活动，在公众舆论表达渠道较少、公众参与热情较低的情况下，有着重要的价值和意义。但

---

① 《地方政府请网络大 V 考察引争议》，《中国青年报》，2014 年 9 月 14 日。
② 蔻丹：《整体性治理：政府治理的新趋向》，《东北大学学报（社会科学版）》2012 年第 3 期。

在"人人都有麦克风""人人都有摄像机"的新媒体时代，这种单向的说服就遇到了无法克服的困难。一般情况下，主流媒体报道的出发点与落脚点多以"大局""集体"和"国家"利益为重，形成一套相对固定的叙事框架和逻辑。但因公众个体的利益呈现多元化状态，利益冲突无处不在，在维权动因驱动下，又形成了具有民间立场的叙事逻辑和具有民间色彩的话语体系。近年来，在治理理论的引导下，政府传播已逐渐从单向说服模式向互动沟通模式转变，重视公众参与，让公众成为决策者之一，多个利益相关方以对等的地位共同商讨，以使各方利益能够互相接受。"天地交，而后能成化育之功；上下交，而后能成和同之治。"因此，要实现舆情上的多元"善治"，成"和同之治"，应构建好多元主体间的互动沟通机制。

（三）以互动为重点，打造舆情治理平台，创新舆情治理体系

议程设置是舆论发挥影响力的重要机制，在议程设置和舆情治理之间，存在着信息的共同支点和理论关联，因此，创新舆情治理方式的重点也应放在议程的设置上。一般而言，议程设置包括"媒体议程设置""公众议程设置""政策议程设置"，它们分别是媒介、公众、政府对各自领域议题的客观反应过程。因此，创新舆情治理，特别是在现阶段，需要传统媒体与新媒体协同合作，传统媒体、公众与政府以互动的方式共同完成舆论周期。议程互动的过程就是媒体议程、公众议程、政策议程这三种议程相互对话与融合的过程，也是议题不断共鸣与溢散，推动舆论向着形成社会共识方向发展的过程。

在这个基础上，还可以利用互联网的传播优势，打造舆情平台，从而建构新媒体时代的舆情治理体系。在新传播技术的推动之下，传统新闻传播业的行业壁垒正在快速消退。通信、广播电视、新闻出版等原先界限分明的行业逐渐汇聚在一起，统一的、多功能的信息平台快速形成。在融合而成的大传播格局下，平台化成为各类组织机构转型升级创新服务的战略。平台化的精髓在于打造一个建立在开放与共享价值观基础上的，通过平等互动机制有效激发各方活力，从而推动创新的多功能生态圈。以平台化战略推动舆情治理，意义也正在于此，目前，这种性质的平台已经在探索之中。

以"健言"平台为例，它起源于《南方周末》2013 年 11 月发起的"健言者计划"——每月举办一场健言沙龙，讨论食品安全法修订、乙肝疫苗事件、奶粉政策等食药领域的热点议题，同时在新媒体上建立账号，每天推送一篇深

度文章。这个平台出现之后，信息从纸端延展到新媒体端，讨论从网上发展到网下，媒体从单纯的记录者变成了参与者。不仅如此，"健言"平台还获得了国家食药总局等各方的鼎力支持，这样政府就直接参与到了舆论的形成之中。而受众除了普通读者之外，还聚合了大量基层监管者、科学家、媒体人、政策研究者，以及食品药品行业的人士。这使得可以在大众传播之外实现精确传播，即"影响有影响力的人"。另外，在食品药品公共政策的制定上，通过"健言"平台可以引入公众参与和多方协商的机制，实现公众利益最大化。

四、结语

任何理论在与现实对接的时候，都要面临不同社会和文化语境的建构。本文结合中国语境和文化传统，从治理理论的角度初步探索了我国舆情治理的问题。舆情关系意识形态安全，涉及执政党的执政地位，对于如此重大的问题，如何实现由管理向治理的转变，仍然需要进一步的探索。另外，互联网的传播优势仍然在逐步开发的过程中，虽然"健言"平台等对于如何利用这种优势做了一定探索，但还不够，如何充分调动政府、市场、媒体、社会组织和公众的积极性，以搭建更好的舆情平台，也仍然需要进行更深层次的探索。

（原载于《暨南学报（哲学社会科学版）》2014 年第 12 期）

新媒体语境下突发事件舆论引导中的整合议题管理*

汤景泰

议题管理是突发事件舆论引导中的关键。传统的舆论引导方法多基于传统媒体的属性与功能来展开。但近几年来，新媒体的发展不仅丰富了互联网信息内容，也改变了信息的传播格局，使得传播主体更加多元，传播内容更加丰富，传播速度更快，并由此悄然改变了政府、媒体以及公众的互动机制，促使舆情对社会的能动作用更加突出，作用机制也更为复杂。因此，在新的信息传播语境下，要提升突发事件舆情处置水平，需要进一步探索新媒体语境中议题管理的特点与规律。

一、突发事件舆论引导议程设置的主体竞争

由于全球化浪潮与中国社会的转型，中国的舆论场域本已聚集了相当复杂的利益群体。而随着移动宽带互联网的发展，基于地理位置、App 应用等形成的社会群体分化更加复杂。再加上微博、微信等社交工具的快速推广，各类新闻客户端的普遍应用，使得网民成为各类互联网应用工具主导下的一个专门化群体。这种社交形态和信息获取特征，显著强化了互联网用户的群体化特征。不仅如此，因互联网的赋权，这些多元化的主体迅速具有了强烈的参与意识，特别是在广受关注的突发事件中，围绕议程设置主导权形成了激烈的竞争态势。

（一）"全民围观"成为新常态，"微议程"凸显

"全民围观"是当下突发事件舆情参与主体广泛性的典型体现，主要是指各行各业的人们都越来越积极地关注突发事件舆情，并通过各种渠道积极发表

---

* 本文是国家社科基金青年项目"新媒体语境下公共决策中的风险沟通研究"（14CXW046）的阶段性研究成果。

意见，努力对事件施加影响。随着移动互联网的迅猛发展，一方面，互联网覆盖并惠及了更广大的人群，特别是对中国广阔的农村地区民众和广大的进城务工人员来说，手机已成为他们首选的上网方式。另一方面，互联网服务和应用内容日渐丰富，推动了微博等社交网络的蓬勃兴起，扩大了人们的信息来源，拓展了人们沟通交往的深度和广度，促进了人们"碎片时间"的有效利用，也为公众介入社会公共事务提供了新的平台。人们在微博、BBS、QQ、微信上各抒己见、激浊扬清，由此改变了当代中国的舆论格局。"围观"在鲁迅等先贤眼里本是冷漠、麻木的代名词，但是在新媒体时代，"关注产生力量，围观改变中国"却获得广泛认同。在"围观"中，个体和社群不仅实现了对公共事件的广泛参与，而且还改变了传统议程设置的模式和效果。当下众多案例已经表明，"议程设置不再单向地由传统大众媒体所主导，个体和社群也不再被动地接受媒体的议程设置，而开始自我形成'微议程'，影响媒体议程和公众议程的发展"①。例如，上海外滩跨年踩踏事件发生后，微博用户"IvanZhai"随即在新浪微博发表长微博，记叙了 1883 年 6 月 16 日英国桑德兰市（Sunderland）的儿童踩踏事故以及安全逃生门法案的通过；上海大学教授戴世强在科学网博客撰文回忆了香港的"兰桂坊惨剧"；法国华人社区也有网友发帖《法国跨年夜：从上海踩踏事件看巴黎新年夜的公共安防措施》。这些帖文均注重分析发达国家和地区处理类似事件的经验教训，在网络上得到广泛传播，并得到部分媒体关注，成功为公众和媒体设置了议程。

（二）网络大 V 拥有巨大的注意力资源，拥有主导议题走向的能量

网络大 V 是重要的意见领袖类型，一些律师、记者、企业家、作家、教师关注社会热点话题，积极与粉丝互动，容易成长为网络大 V。在微博风行的时候，据不完全统计，在新浪和腾讯微博中，十万以上粉丝的网络大 V 超过 1.9 万个，百万以上粉丝的网络大 V 超过 3 300 个，千万以上粉丝的网络大 V 超过 200 个。②借助社会化媒体的传播优势，网络大 V 拥有比传统意见领袖更强大的影响力。在突发事件中，意见领袖同时扮演着信息发布者和意见传播者的双重

---

①　高宪春：《微议程：在公众议程与媒体议程之间》，《中国社会科学报》，2012 年 5 月 30 日第 B02 版。

②　吴鑫悦：《网络大 V 切莫成"大谣"》，人民网，http://opinion. people. com. cn/n/2013/ 0823/c1003 - 22678737. html，2013 年 8 月 23 日。

角色，省去了"大众媒介—意见领袖"这一传播环节，而直接实现从意见领袖到普通公众的信息与意见的转移，加快了议题设置的进程。此外，他们不仅可以在各类新媒体平台上发表观点，引领公众的意见潮流，还可以将网上沟通与网下行动紧密结合起来，进行广泛的社会动员，把自己的主张迅速转化为现实中的行动，从而形成更为强大的影响力。例如，2015 年 2 月 28 日，柴静推出雾霾调查视频《穹顶之下》，当天在优酷即有 600 万次播放量，24 小时全网播放量近亿。作为一位意见领袖，柴静让"雾霾"这一话题再度引起广泛关注，进入了公众议程，成为媒体关注焦点。

（三）境外组织机构抢滩新媒体平台，强化了对我国时政热点的议程设置能力

我国法律对境外组织机构在国内的新闻宣传有着非常严格的规定。但随着社会化媒体的兴起，个别法律规定有待修订。于是，一些外国政府、机构和媒体得以利用我国的新媒体平台，获得广泛的影响力。例如，截至 2014 年底，美国驻华大使馆官方微博关注者有 90 余万，华尔街日报中文网关注者高达 710 余万，路透中文网关注者也有 50 余万。这些外国政府、机构和媒体就中国时事政策和社会公共话题发声，并特别关注一些突发事件，这让国内舆论形势更加复杂。

（四）"网络水军"对议程设置的影响不容低估

在互联网发展初期，"网络水军"主要表现为在各大论坛"灌水"，而在当下的新媒体语境下，每个"水军"均掌握国内著名论坛和微博的多个账号（马甲），同时运营微信公众号，既可以在短时间内传播垃圾信息以干扰正常信息的传播，也可以有倾向性地攻击或支持某个话题或人物，"网络水军"早已规模化、专业化、产业化。经公安机关查明的诸多案例显示，"网络水军"的蓄意抹黑、恶意炒作是经过策划的、有预谋的行为，会刻意出现在突发事件发酵和蔓延的过程中，煽风点火，添油加醋，误导公众的视线，扰乱公众的判断。2013 年以来，虽然公安机关处理了一批影响恶劣的"水军"公司，但有的依然在"地下"活动。特别是在一些维权类事件中，维权者为了扩大社会影响、吸引媒体关注，往往采用雇佣"水军"的方式进行事件炒作。

二、突发事件舆论引导中的议题演化

当下我国舆论场中议程设置主体的多元化背后，反映了利益博弈的复杂化，再加上新媒体复杂的传播特性，使得突发事件中议题持续时间、关注程度和议题转化机制中的不确定性增加，连环危机、多个复杂议题同时出现的现象增多，单一议题持续的平均时间缩短，并且议程设置处于快速的不断变化之中，给突发事件中的议题管理带来了严峻挑战。

（一）突发事件的议题溢散与共鸣效应突出

媒体之间也有意见领袖媒介的现象存在，即一些主流媒体最先报道相关新闻后，其他媒体才相继跟进，且意见领袖媒体的内容为其他媒体所采纳，形成连锁反应。这种由主流媒体引起的，在媒介系统中产生的一连串报道上的连锁反应，就是"媒介共鸣"效应。而当媒介议题由潜伏期与预备期转变成上升期时，主流媒体开始介入报道。这种媒介议题是由一般媒介流向主流媒介（意见领袖媒介）的议题传播方式称为"溢散效应"。在新媒体语境下，信息传播突破地域壁垒，传播速度加快，用户交互式传播，这大大提升了议题在全国甚至世界范围内的共鸣和溢出效果。纵观近几年的突发事件舆情，主流媒体与社会化媒体的相互卷入程度越来越深。首先，从溢散效应来看，新媒体成为突发事件的重要首发平台，官方媒体将其作为重要的消息来源和进行自身舆论建构的起点。而在新媒体中爆出的突发事件要获得更大的关注与事件的妥善处理，寻求主流媒体的报道支持至关重要，由此形成"网络爆料—传统媒体跟进—共同形成舆论监督"的模式。其次，从共鸣效应来看，主流媒体设定的议题进入公众议程，引发社会化媒体平台上的热烈讨论，并超越官方媒体的报道框架，进而引发官方媒体进一步的关注，形成更为深入广泛的讨论。共鸣和溢散效应使得单一区域内的突发事件一旦处理不恰当，便很可能裂变成为全国甚至全球性舆情事件，出现不同地域间的联动模式，可谓"一点发难，烽火四起"。

（二）舆论场分化阻碍突发事件中的舆论引导效果

虽然当下突发事件传播中的共鸣与溢散效应突出，但值得关注的是，在舆论引导过程中，却常因为舆论场的分化，而导致议题难以同构。新华社原总编辑南振中认为，当下国内存在两个舆论场，一个是以党报、国家电视台、国家通讯社为代表的"主流媒体舆论场"；另一个是依托于互联网的"民间舆论场"，以论坛、博客、微博等空间内的言论为代表。官方舆论场是一个内嵌于特定政治体制框架内的媒介系统，在这一框架内，媒体的舆论表达是选择性的①，以发挥协调社会和引导舆论功能。因此，在有的突发事件应对过程中，部分官方舆论更加关注宏观表达，往往与民间舆论场的关注点存在落差。而民间舆论场中的利益冲突无处不在，公众个体的利益呈现多元化状态，再加上个体言论中的情绪化和非理性，使得官方舆论场与民间舆论场的话语体系、议程设置和价值观念呈现出一定差异，不利于突发事件的及时高效处置。

舆论场的分化对突发事件中的舆论引导构成挑战。因为两个舆论场分化的实质是利益诉求、价值理念认知的分化，而利益分化会推动群体分化，群体分化又会推动社会分化，舆论分化是群体分化的征兆，而群体分化又会强化舆论分化，由此形成恶性循环。② 民间舆论场养成习惯性质疑，政府陷入"塔西佗陷阱"，公信力降低，由此导致社会共同意识弱化，难以达成社会共识。例如，在 2014 年的茂名反 PX 事件中，虽然官方舆论场反复强调 PX 项目的安全性，却始终得不到公众认可，最终项目只能中止。类似情况在厦门、大连、宁波、彭州、昆明等地一再上演。舆论场的分化，由此可见。

三、突发事件舆论引导中的整合议题管理

通过上述分析可以看出，随着新媒体的崛起，突发事件中的议程设置出现了激烈的多元主体博弈，并且由于共鸣效应和溢散效应的强化，突发事件的传播广度和强度都提升到了新的量级。但因为舆论场的分化，官方的舆论引导效果受到冲击。在这种新的传播语境下，要想抓住突发事件中议程设置的主导权，就不仅有必要早发声，积极与媒体沟通，主动设置议题，而且应该创新舆论引导机制，实施危机整合议题管理。

整合议题管理是整合传播在危机传播领域中的应用。随着新媒体的不断涌现，在商业品牌的塑造中，整合传播早已成为控制渠道、拓展影响力的普遍性

---

① 张涛甫：《当前中国舆论场的宏观观察》，《当代传播》2011 年第 2 期。
② 王国华：《论舆论场及其分化问题》，《情报杂志》2012 年第 8 期。

战略选择。所谓整合传播，是指运用各式传播工具，如广告、公关、包装、新闻媒体等，通过任务分工集体达成既定传播目标的信息传播运用方式，以提供明确、连续、一致和效果最大的传播影响力。基于整合传播的理念，危机中的整合议题管理以追求传播效果最佳化和劝服功能最大化为目标，要求把相关的危机传播管理者有机组织在一起，使他们资源共享，能够利用全媒体渠道，设置现代社会各种媒介资源的传播议程，统筹规划针对危机演化过程中各个阶段的议题，促进媒介资源传播效力的优势组合，形成系统化、集束性、多层次、快反馈、强互动的传播活动，从而实现更有价值、更有效率的舆论引导效果。基于这些要求，突发事件中整合议题管理具体来说有以下实施路径：

（一）整合议程设置主体，打造统一战线

在新传播技术的推动之下，传统新闻传播业的行业壁垒正在快速瓦解。通信、广播电视、新闻出版等原先界限分明的行业逐渐汇聚在一起，统一的、多功能的信息平台快速形成。可以说，在新媒体时代，舆论引导处于一个开放而多元的信息环境之中。在这样的形势下，舆情工作就不再只是宣传部门的事情，而是需要打破各司其职的传统观念，拓宽视野，重新思考大传播时代的舆论引导协作机制的构建。

从突发事件舆论引导的现实情况来看，有必要从内部和外部两个层面入手，整合突发事件中议程设置的主体。从内部来说，需要宣传部门和突发事件中其他责任主体建立协作联动机制，统筹规划议程；从外部来说，需要积极影响相关媒体和意见领袖的议程。内部外部共同携手，才能打造统一战线。

目前，整合虽未有意识地全面展开，但一些无意之间的协作已经产生良好效果。例如在"粤来粤好——2014 年网络名人看广东"东莞站活动中，东莞市委书记多次被问及扫黄问题。会后有媒体发表不实报道，引发众多媒体炒作。但参与了此次座谈的众多网络大 V 却迅速在微博上替其鸣不平，并指责该媒体报道歪曲事实、断章取义。在众多网络大 V 的力推下，舆论形势迅速反转。在茂名反 PX 事件中，众多专业人士在果壳网、知乎等平台发表了对 PX 毒性的科学分析。在百度百科，还爆发了一场 PX 词条保卫战。针对部分网友将 PX 毒性由"低毒"改为"剧毒"，清华大学化工系学生联手捍卫词条科学性，多次修正 PX 的毒性描述。该词条 6 天内被反复修改达 36 次，最终清华大学化工学子赢得此役。

(二) 整合议题传播渠道，通过媒介融合促进议题融合

"议程设置" 创始人唐纳德·肖（Donald Shaw）教授曾指出，从传播学领域看，社会议题主要包括 "垂直议题" 和 "水平议题" 两种。垂直议题是指由主流报纸、广播和电视等大众媒体自上而下所设置的公共议题；水平议题是指从个人化社群或社交媒体中所获得的与个人生活相关的私人议题。只有当垂直议题和水平议题共同发挥作用时，才能编织成为一个兼顾的 "纸草型社会"[①]。"纸草型社会" 意指垂直议题和水平议题共同发挥作用的更加完善的社会形态。对于突发事件中的舆论引导来说，也只有让垂直议题和水平议题共同发挥作用，才能把政府想要传播的与公众感兴趣的相结合，实现最佳的引导效果。因此，在突发事件的应急管理中，要对这两类议题的传播渠道进行有效整合，通过跨媒体联动、微博与微信的融合对接、平台资源整合，以媒介融合为重点促进议题融合，在整合传播力上寻求突破。

首先需要注意的是，这种联动并非同一信息的简单复制，而是要针对不同媒体传播特性，有针对性地进行议题策划，从而在跨媒体联动形成的信息传播链中实现信息的深度立体化传播。其次，新媒体的舆论传播路径与传统媒体不同，它是由分散的用户自发进行的一种信息传播活动，人们不再只是一种自上而下、点对面的发布形式，而是在某些网络的 "节点" 中传播信息，要想产生强大影响力，必须以一定的 "关系网络" 为基础[②]。这就要求在突发事件应急管理中避免传统媒体和新媒体消息的同质化，同时要求政务新媒体应积极拓展自己的粉丝面和朋友圈，构建更广泛的关系网络。从现实情况来看，2014 年 "12·31" 上海外滩踩踏事件的发生，媒介渠道缺乏整合是一大关键原因。2015 年 1 月 1 日晚，财新网发布的《此秀非彼秀 外滩缘何不封路》一文就指出："虽然也有网站提到今年的灯光秀将从外滩移至外滩源，但说明并不醒目，两者极易混淆；'灯光秀' 成为凭票入场的商业活动很少被提及，多数人也不知道应如何买票。外滩与外滩源之别，一般民众也难详知。"[③] 实际上，早在 2014 年 11 月初，上海公安部门出于安全考虑，即否决了外滩传统跨年项目灯光秀的

---

① ［美］唐纳德·肖：《创造一个纸草型社会》，《国际新闻界》2004 年第 4 期。
② 巢乃鹏：《中国网络传播研究》，杭州：浙江大学出版社，2012 年，第 128 页。
③ 蒋飞、徐和谦：《此秀非彼秀 外滩缘何不封路》，财新网，http://china.caixin.com/2015 - 01 - 01/100770185.html，2015 年 1 月 1 日。

活动计划。外滩的安保措施降为（黄浦）区级管理。12 月 25 日，上海《东方早报》刊发报道《"跨年灯光秀"今年移师外滩源：让路少封些，让交通影响小些》，引述灯光秀协调工作人员的话，解释了易址对于纾解交通冲击的意义。12 月 30 日，外滩所在的上海黄浦区官方网站"上海黄浦"，也以"灯光秀移至外滩源　交通压力大大减小"为题发表消息。但是由于传播渠道缺乏整合，传播力有限，未能有效进入公众议程，结果导致公众没有获得这些关键信息，或者没有予以充分重视，外滩跨年夜人群汹涌如常。信息传播的不畅和各方预判的反差，共同构成了这场悲剧的深层背景。

（三）整合事实引导与价值引导，通过议题互动打通两个舆论场

两个舆论场的分化，一方面固然说明了当下言论自由的程度，但从另一方面说，两个舆论场之间长期存在隔阂，不利于社会公共领域的构建，阻碍社会共识的形成。为打通两个舆论场，不少部门和地方已经做出了许多有价值的探索。例如党政机关和传统媒体进驻民间舆论阵地，开设政务微博、微信公众号，开发移动客户端等。不过，两个舆论场的分化并非单一的媒介问题，而是内隐着话语、议题与价值观的分野。此外，打通两个舆论场也并不意味着主流媒体要跟在民间舆论场背后亦步亦趋，这样容易受到其中的情绪化、非理性等因素影响，导致舆论引导失之客观公正。因此，需要在议程设置中整合事实引导与价值引导。

在突发事件舆情处置中，回应媒体与公众对真相的渴求确实是第一位的，但如若在回应中一味强调事实真相和利益补偿，则容易忽略了意义共享和价值观重构，仍然难以顺利走出"塔西佗陷阱"。根据吉姆森（William A. Gamson）的框架分析理论，媒体的报道是一个框架建构过程，同时也是一种"价值添加"的过程。媒体在对事件进行报道或评论时，都是通过建立一种"框架"，从而传递信息并赋予意义以引导公众。可以说，"正是价值层面'意义世界'的厚度和温度，维系着事实层面'利益世界'的整体性和可持续性"[①]。因此，突发事件中为媒体设置议程首要的就是把自身的事实框架建构输出给媒体，说真话、话说足，对公众关心的事实进行有效回应，以改变信息不对称和认知不平衡的状况；同时又要通过突发事件主体建构的事实来影响媒体报道与公众评

---

① 胡百精：《危机传播管理》，北京：中国人民大学出版社，2014 年，第 89 页。

论的价值"框架"与判断，顺应或者引导公众价值观，为突发事件提供核心解释，确定事件基调，消除偏离事实轨道的"猜想"与"隐喻"。例如在香港非法"占中"事件中，内地主流媒体的议程除了展示非法"占中"影响民生、破坏法治等种种事实之外，更重要的是建构了尊重法治、维护祖国统一等价值观，从而顺利取得了内地公众的认同，抓住了舆论引导的关键。

整合事实引导与价值引导，需要准确把握公众诉求和主流民意。而要实现这一点，就要开展多层次、立体式的互动，寻求社会共识最大公约数，以议题互动的方式促成更深入的理解。危机管理者和主流媒体要避免用"水军"制造虚假民意，应敢于回应公众关切的热点，尊重公众的合理诉求，通过更加主动和多元的议题设置，让更多的声音被倾听，让更多的意见被重视，从而更准确地呈现主流民意，促进社会共识的形成。

（原载于《中国应急管理》2015 年第 7 期）

论"一带一路"国际话语权的提升

——基于首届"一带一路"国际合作高峰论坛推特传播数据的分析

汤景泰　星　辰　高敬文

在国际政治与国际传播领域，对非西方国家，特别是中国的"战略围堵"和"话语围剿"一直以来是学界的热点话题。如布里格（M. Brigg）[①] 和埃斯科巴（A. Escobar）[②] 批判了发达国家对第三世界国家的话语控制，萨义德（Edward W. Said）[③] 也对西方以学术为名对东方世界的"话语殖民"进行了深入探讨。有学者[④]因此认为，国际政治在冷战后已经成为"话语权政治"，而西方借助经济、科技优势，长期掌握"制信息权"，使其在话语权上的优势地位不断得到加强与固化[⑤]，客观上形成了福柯（Michel Foucault）所说的"强势语言对弱势语言的吞并"，"中国威胁论""中国崩溃论"和"中国责任论"甚嚣尘上，使得中国在争取国际话语权的过程中常常处于"被动应对"的状态，大量的精力被浪费在西方设置的所谓"中国议题"上[⑥]，最终导致中国国家实力与中国国际话语权的"错位"。面对这一现状，习近平总书记将"话语权"问题提升到了国家舆论战略的高度。他在 2016 年 2 月 19 日党的新闻舆论工作座谈会上强调："要建立对外传播话语体系，增强国际话语权。"

① BRIGG M. Post – development, Foucault and the colonisation metaphor. Third world quarterly，2002，23（2）：421 –436.

② ESCOBAR A. Imagining a post – development era//JONATHAN C. Power of development. London & New York：Routledge，1995：211 –227.

③ ［美］爱德华·W. 萨义德著，王宇根译：《东方学》. 北京：生活·读书·新知三联书店，1999 年，第 10 页.

④ 陈小鼎、王亚琪：《从"干涉的权利"到"保护的责任"——话语权视角下的西方人道主义干涉》，《当代亚太》2014 年第 3 期，第 97 –119 页.

⑤ 聂筱谕：《西方的控制操纵与中国的突围破局——基于全媒体时代意识形态话语权争夺的审视》，《世界经济与政治论坛》2014 年第 3 期，第 69 –83 页.

⑥ 徐赛：《中国国际话语权问题研究》，国际关系学院硕士学位论文，2015 年，第 5 页.

增强中国国际话语权，在"一带一路"建设过程中显得尤其迫切。自习近平总书记于 2013 年秋提出"一带一路"倡议以来，全球已有 100 多个国家和国际组织积极支持和参与"一带一路"建设，联合国大会、联合国安理会等重要决议也纳入"一带一路"建设内容。在"一带一路"推进过程中，首届"一带一路"国际合作高峰论坛的举行是一个值得高度关注的节点。在 2017 年 1 月的达沃斯世界经济论坛上，习近平主席宣布中国将在北京主办"一带一路"国际合作高峰论坛。时任国务委员杨洁篪将此次论坛称为"'一带一路'提出 3 年多来最高规格的论坛活动，是今年我国重要的主场外交活动，对推动国际和地区合作具有重要意义"。2017 年 3 月 5 日，李克强总理在十二届全国人大五次会议上做《政府工作报告》时提出，要高质量办好"一带一路"国际合作高峰论坛。该论坛召开时，获得了国内和国际社会的高度关注。29 位外国元首、政府首脑及联合国秘书长、红十字国际委员会主席等重要国际组织负责人出席高峰论坛，来自 130 多个国家的约 1 500 名各界贵宾作为正式代表出席论坛，来自全球的 4 000 余名记者注册报道此次论坛。2017 年 5 月 15 日，习近平主席主持圆桌峰会，并宣布中国在 2019 年举办第二届高峰论坛，这意味着"一带一路"国际合作高峰论坛将迈向制度化。一直以来，举行高层峰会都被视为是提升制度性话语权的重要方式。因此，首届"一带一路"国际合作高峰论坛就成为研究"一带一路"话语权的最佳窗口之一，并由此对思考我国国际话语权的提升问题具有重要的理论价值。

一、文献述评

为了破解"西强我弱"的话语权困境，当前的研究者主要提供了三条路径：其一，关注"内容"，探讨如何"讲好中国故事"①；其二，拓展"渠道"，改变"对外宣传观"，代之以主场外交②、公共外交③或发言人外交④；其三，

---

① 蔡名照：《讲好中国故事　传播好中国声音》，人民网，http://politics.people.com.cn/n/2013/1010/c1001 - 23144775.html，2013 年 10 月 10 日。

② 蔡鹏鸿：《"主场外交"与中国的全球话语权》，《人民论坛》2014 年第 24 期，第 4 - 15 页。

③ 赵启正：《由民间外交到公共外交》，《外交评论》2009 年第 26 期，第 1 - 3 页。

④ 吴瑛：《中国话语权生产机制研究》，上海外国语大学博士学位论文，2010 年，第 34 页。

打造"制度",努力构建"制度性话语权"①,通过成立国际组织、举办高层峰会②、发布评估指数③等方式,提升中国在全球经济治理中制定规则的权力,以及制度运行中的决策权、执行权和裁判权④。

追根溯源,福柯的"话语/真理/秩序"框架、布尔迪厄的"语言与符号权力观"和"权力场域观",以及尼古拉斯·奥努弗(Nicholas Onuf)的规则建构主义框架,构成了主流话语权研究的思想内核。福柯⑤将"权力"理解为渗透在社会机体每个角落中的"关系力量"(relational power),它将所有社会团体连接在一个可以相互影响的网络中,并通过话语来生产知识和真理、强加纪律和秩序、塑造人的欲望和主体性,以此构建社会组织和等级制度,继而进一步掌握"话语"。在继承了"话语权力"说的基础上,布尔迪厄⑥将话语视作权力关系的一种工具或媒介(medium power),认为语言关系总是符号权力的关系,权力博弈的本质是符号资本的交换,通过这种关系,言说者和他们分别所属的各种群体之间的权力关系表现为不断地"变形"(transfigured form),它遵循某种语言游戏的"规则",而制定规则的权力,取决于符号资本所有者在社会场域中的权力关系,及其所处的位置。布尔迪厄还将新闻领域视为一个与文化场、经济场深层互动的权力关系场域,它是话语之争的主要场所。奥努弗⑦将社会建构主义理论引入话语权研究,解释了国际制度与国际社会权力结构的建构历程。他认为,国际关系本质上也存在话语与权力的互构,规则来自国际社会行为体(actor)的话语,它规范其他行为体的行为、决定其身份和利益。正是由

---

① 左海聪:《协力提高制度性话语权》,人民网,http://opinion.people.com.cn/n1/2016/0219/c1003-28134857.html,2016年2月19日。

② 孙文莉、谢丹:《G20平台的制度性话语权:中国定位及提升途径》,《国际论坛》2016年第6期,第37-42页。

③ 高奇琦:《制度性话语权与指数评估学》,《探索》2016年第1期,第145-148页。

④ 陈伟光、王燕:《全球经济治理中制度性话语权的中国策》,《改革》2016年第7期,第25-37页。

⑤ FOUCAULT M. Power/Knowledge//GALSTON W. Two concepts of liberalism. Ethics,1980,105(3):516-534.

⑥ BOURDIEU P. Language and symbolic power. Cambridge:Harvard University Press,1991.

⑦ 孙吉胜:《国际关系中的言语与规则建构——对尼古拉斯·奥努弗的规则建构主义研究》,《世界经济与政治》2006年第6期,第60-66页;[俄]尼古拉斯·奥努弗、温都尔卡·库芭科娃、保罗·科维特著,肖锋译:《构建世界中的国际关系》,北京:北京大学出版社,2006年,第68、89页。

于个别行为体比其他行为体拥有更强大的控制力，它们得以通过"构建规则"达成对国际社会的统治。

通过对上述研究的梳理，不难解读出"话语权"研究的哲学内核，体现出从后结构主义到多元建构主义的演进脉络，其研究的范畴也从"个体""社会"的抽象的、一般化的话语权力，聚焦到了以国家、国际组织和媒介机构为行为者的具象化、特殊化的权力博弈。然而，在谈论"权力"与"权力关系"时，不论其哲学内核和本体论如何变化，社科研究中既有的"二元对立观"——主体与受体、压迫与反抗，以及以探究"媒体—受众"关系为主的"大众传播观"（mass communication）一直蕴藏于相关研究的基本范式中。

任何新的传播技术，都会挑战传统的传播权力结构。互联网和社交媒体的发展，也重构了地方、国家、区域和全球等多个维度上的传播关系，令人类的传播实践从国际化转向到全球化，再转向跨国化。特别是"大众自传播"的勃兴，将线性、单向的"大众传播"模式推向网状的"社会化传播"模式，传播主体面对网络监管者，仍可以自主设置大量议题，从而在实际上维持了一种与以往不同的传播模式。那么如何在新的全球传播图景中，理解那些新型权力关系，就成为一个至关重要的问题。正是在这一问题的推动下，卡斯特尔提出了"传播权力"这一理论框架。[1] 他认为，"权力关系主要体现为权力（power）与反权力（counter-power）之间的动态特征"，21 世纪初的人类真实地生活在"网络社会"中，而"传播权力正处在社会结构和社会动力的核心位置"。这一理论框架让我们认识到，传播效果不仅取决于传播内容，同时还受到了传播关系网络的规限。因此，要深入研究话语权问题，就不仅需要着眼于传播的内容属性进行研究，还需要从关系属性上进行深入考察。具体到"一带一路"的国际话语权问题上，也就是要深入探索该议题在国际传播网络上形成的传播关系，从关系属性入手来进一步丰富对国际话语权问题的思考。

二、研究方法

基于上述研究思路，我们选择了"一带一路"国际合作高峰论坛在推特平台上的传播数据作为研究对象。其原因首先在于推特服务覆盖了绝大部分"一

---

① CASTELLS M. Communication power. New York：Oxford University Press，2009.

带一路"相关国家，并且有着大量活跃用户，这一特性与本文的研究主旨十分契合。因此，基于已有研究，我们将以首届"一带一路"国际合作高峰论坛在推特平台上的传播数据分析为基础，既分析首届"一带一路"国际合作高峰论坛在推特平台上形成的相关议题，又分析各传播节点的传播关系，以求更深入地把握我国在"一带一路"中的话语权建构问题，并进而为提升我国国际话语权提供新的思路。

为准确把握首届"一带一路"国际合作高峰论坛在推特平台上传播数据的内容和结构，本研究以内容分析和社会网络分析为主要方法。

（一）内容分析

本文中的"内容分析"主要指的是对所抓取的推特文本内容进行词频、共词关系和主题分析。可供分析的"文本"主要有三类：①长文本，指文本内容超过字数限制（140字）因而必须通过外部链接进行阅读的文章；②短文本，指140字以内的推文及回复；③话题词，指推文中以"#"标注的热门话题，例如"#OBOR"。所有文本的词频和共词关系主要通过软件完成，长文本的主题内容则是由研究者在通读全文的前提下，参考该篇文章的高频词和高频关系词之后总结而成。

（二）社会网络分析

社会网络分析方法提炼出用于评价节点和边在网络中重要程度的一系列指标：如中介中心性（betweenness centrality）、特征向量中心性（eigenvector centrality）、入度（in-degree）等。基于上述指标，我们将对各节点在传播网络中的相对重要性进行评估，以此判定某节点对信息流的影响程度。在此基础上，本研究还将"子群"作为评估的基本单位。所谓子群（sub-group），指的是在某一大群体中，由具有紧密联系的节点构成的，或由具有共同规范、价值、导向和亚文化所凝聚成的小群体。①

在互联网深度普及的今天，以"话语""符号"为主的"内容"不再是传播活动的唯一直接产物，用户行为轨迹的真实可溯，令从前潜藏在"内容"之

---

① ［美］约翰·斯科特著，刘军译：《社会网络分析法》，重庆：重庆大学出版社，2007年，第84页。

下的"路径""关系"等结构性要素变得可供研究。因此，我们提出假设 H_1：子群的不同结构类型与子群传播效果间具有相关性。我们将通过 CNM 算法进行社群划分，然后观测各个子群所呈现出的结构形态特征，并尝试检验特征与群间连接数和相连子群数的相关关系。具体做法是，我们将"结构类型"设为自变量，将"相连子群数"与"群间连接数"设为因变量，分别做回归分析。由于"结构类型"属于分类变量，因此需将三类结构手动设置为哑变量。

三、数据挖掘与可视化

本研究采用 R 语言中的推特的 R 包、tm 包，以及 NodeXL，通过推特的 API 接口，对 2017 年 5 月 13 日至 17 日期间，以［"belt and road" or "one belt one road" or "OBOR" or "一带一路"］为关键词进行数据抓取。选择这样一个时间段，首先是因为第一届"一带一路"国际合作高峰论坛于 5 月 14、15 两日在京举行，国际舆论在此时间段内对"一带一路"相关议题保持高度关注，话题热度高、意见集中；其次，方便就大会前后的舆论变化进行比较研究；最后，之所以为会后阶段预留两日，而仅为会前阶段预留一日，是经过初步测试的结果。我们在 5 月 11 日至 20 日期间进行了四次抓取，发现舆论热度始于 13 日，而在 16、17 日出现"长尾"，至 18 日基本归于平静，因此，选择 13 日至 17 日内所抓取的数据作为研究基础，相较于其他时间段更具代表性。

需要说明的是，推特允许普通开发者账号通过 REST API 接口采集 7 天内的内容，样本的返回算法由推特具体提供，根据其官网介绍，内容相关性在优先级上要高于时间序列，因此，返回的样本数量不会按日期平均分布，而是反映了分布在时间网上的样本内容与关键词相关性的高低。本次抓取共返回6 389个节点发送的 8 425 条推文，其中有 431 条原创推文、7 966 条转发、28 条对话；从节点连线来看，单向连线 7 911 条、双向连线 514 条，自循环 431 个；另外，网络最大点距为 21，平均点距为 5.969 6，图形密度为 0.000 2。①

我们将 5 月 13 日至 17 日围绕"一带一路"话题所形成的整个传播网络命名为 N_1，该网络中，相连节点的最大间距为 21，平均间距接近 5.969 6。这表

---

① 本文中出现的所有数据图表，可访问暨南大学传播大数据研究中心（https://bdclab. jnu. edu. cn/）进行下载查阅。

明 N_1 网络内的节点普遍相连，但任意两点间的联系并不紧密，可见 N_1 的规模较大，且结构较为自然。N_1 的图形密度 $D_1 = 0.0002$，而图形密度 D 的取值范围在 $[0, 1]$，数值越接近 1，密度越大，反之则更为离散。显然，N_1 的分布更为离散，与真实世界中的社会网络特征相符。

除了推文内容和转发关系，抓取到的数据中还包含了用户信息，包括用户名、ID、简介、头像、关注人数、粉丝人数、创建时间、活跃时区，以及部分用户的地理信息。依据用户的活跃时区和地理信息还可以发现，在 N_1 网络中留有地理信息的有 3 138 个节点（用户），来自全球五大洲的 132 个国家和地区，覆盖了"一带一路"倡议中的绝大部分地区，包括中东、南亚、东南亚、非洲这些重点区域，还包括南美洲的阿根廷、墨西哥等非"一带一路"倡议囊括地区。其中，印度（861 个）、美国（826 个）、巴基斯坦（211 个）、加拿大（142 个）、印度尼西亚（86 个）、英国（78 个）、荷兰（48 个）、肯尼亚及西非地区（47 个）、马来西亚（43 个）、澳大利亚（39 个）、土耳其（37 个）是相关议题活跃节点最多的国家和地区。

四、研究发现

（一）推特平台上"一带一路"话题中的主要媒体和意见领袖

经过 NodeXL 的统计，在相关议题中最受关注的 10 个媒体与组织如表 1 所示，排行依据是各账户发布的内容所触及的节点数（点度），自循环和节点间的多次连接被省略。其中，trib. al 与 pscp. tv 均属于推特商业网络的一部分。经济学人、BBC 与 trib. al 合作，令其在推特上发布的报道链接得以优化投放，新华社通过 pscp. tv 提供的流媒体直播服务，向推特上的全球受众直播首届"一带一路"国际合作高峰论坛欢迎仪式以及习近平主席的大会发言。

表 1　前十位最受关注的媒体与机构

名称	性质
indianexpress. com	印度媒体
trib. al	推特数据投放代理商
dailyo. in	印度媒体
theguardian. com	英国媒体
pscp. tv	推特旗下视频直播媒体
gov. tr	土耳其政府网
twitter. com	推特首页推荐
forbes. com	美国媒体
kremlin. ru	俄罗斯政府网
orfonline. org	印度智库

在传播网络中，"意见领袖"应当是每个子群中的核心节点，这些意见领袖的中介中心性应当远高于组内平均水平。中介中心性评估的是某一节点作为其他任意两个节点之间最短路径上的"桥梁"（bridge）的次数。若该节点消失，则任意"点对"将无法相连，它实际上拥有控制社会网络中信息流动的能力。

在通过 CNM 算法对 N_1 进行"社群划分"后，我们得到了 N_1 的子群图 N_2。最终，共分得 292 个子群（社团），单节点子群 181 个，占总组数的约 62%。其中，共有 41 个子群所包含的节点数大于 20，约 60% 的节点分布在前 10 个子群中，我们将这些规模较大的子群称为"主要子群"，子群间的连线称为"群间连接"，具体情况如图 1 所示。而其中中介中心性更高的节点，就是我们要寻找的"意见领袖"。

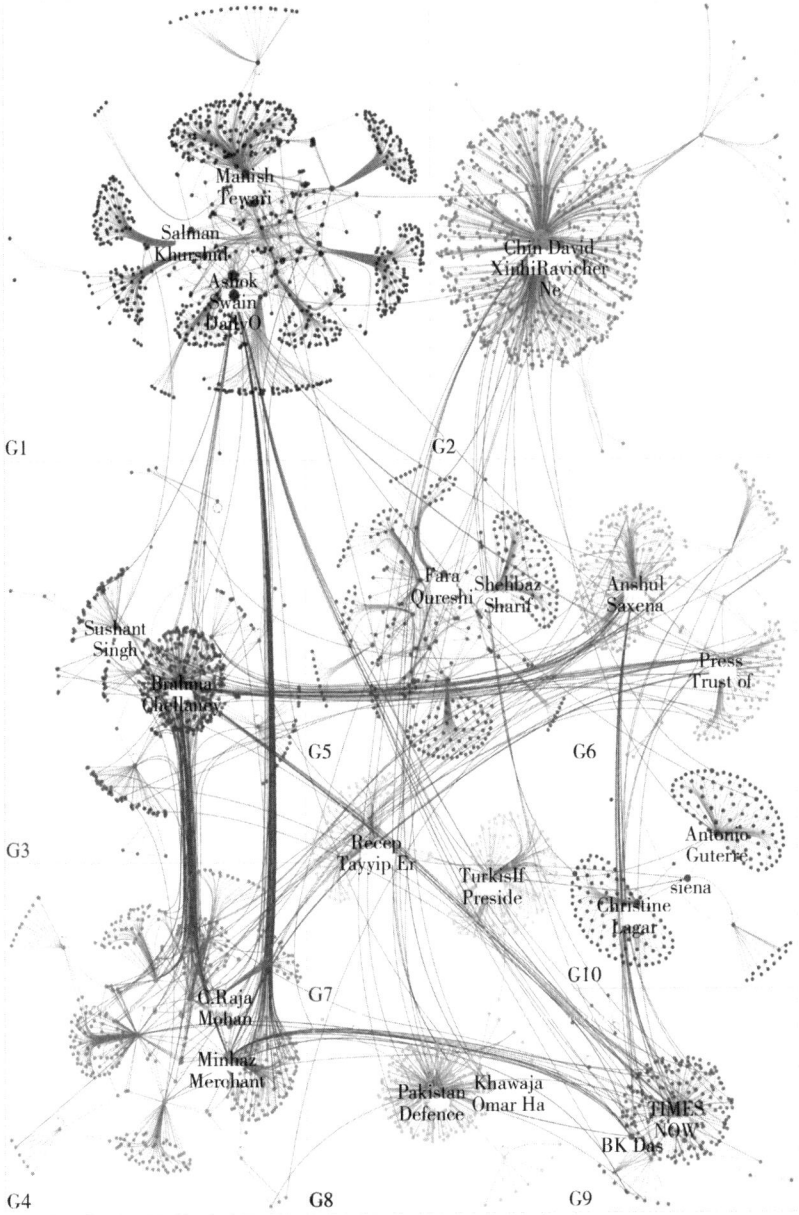

图 1　主要子群及群间连接结构图

在对每个子群的所有节点按中介中心性进行排序后，我们通过折线图发现，数值在 2 000 000 左右（排名第十）到达拐点并渐趋稳定，排名第一的新华社（11 145 067）远高于其他节点。因此可以认为，前 10 个节点是整个网络中最为重要的"意见领袖",其性质和地区如表 2 所示。值得注意的是,10 个节点中有一半为个人账号,所在地为印度的节点最多,来自中国的仅有新华社一家。

表 2　中介中心性排名前十账号

账号	所在地	类型
China Xinhua News	中国北京	媒体
Brahma Chellancy	印度新德里	个人
DailyO	印度新德里	媒体
Ashok Swain	瑞典	个人
Minhaz Merchant	印度孟买	个人
Khawaja Omar Hasan	巴基斯坦卡拉奇	个人
The Economist	英国伦敦	媒体
TIMES NOW	印度	媒体
Pakistan Defence	巴基斯坦伊斯兰堡	机构
Manish Tewari	印度新德里	个人

(二) 各子群中的核心议题

我们分别对 N_2 中前 10 个子群中的热门长文本、短文本和热门话题进行了词频和共词关系统计,发现前 10 个子群共呈现出 11 个议题,具体参见表 3。

表 3　议题与子群关系

子群	意见领袖	议题	高频词
1	Manish Tewari（个人用户）、Ashok Swain（个人用户）、indianexpress.com（印度快报）	1. 印度抵制"一带一路"倡议代表着莫迪"秋千外交"的失败	Jhula diplomacy collapsed（"秋千外交"失败）、Modi's foreign policy、failed、3 years failure
2	xhnews（新华社）、CCTV +（央视）	2. "一带一路"国际合作高峰论坛在北京胜利召开	Beijing、grandest
		3. "一带一路"国际合作高峰论坛倡议彰显习近平的"全球治理观"	Xi Jinping、global governance（全球治理）

（续上表）

子群	意见领袖	议题	高频词
3	Chellaney（个人用户）、theguardian.com（卫报）、forbes.com（福布斯）、orfonline.org（印度智库）	4. 欧盟国家代表因公共采购透明度和环境标准问题拒绝签署贸易声明文件	EU、transparency（透明度）、trade、statement、refusal
		5. 中巴经济走廊所涉及的克什米尔领土主权问题阻碍中印关系	Balochistan（俾路支省）、Kashmir（克什米尔）、CPEC（中巴经济走廊）
4	Business Standard（印度商业评论报）	6. 海上丝绸之路倡议挑战西太平洋和印度洋战略格局，印、日两国联手抵制"一带一路"	India、Japan、China's Maritime Silk Road（海上丝绸之路）、Pacific、Indian Ocean
6	swarajyamag.com（印度媒体）	7. 斯里兰卡支持印度抵制"一带一路"	Srilanka（斯里兰卡）、backs、India's、Kashmir
7	gov.tr（土耳其政府网）	8. 土耳其总统埃尔多安出席"一带一路"峰会	Erdoğan（埃尔多安）、attends、tr presidency（土耳其总统）
8	xhnews（新华社）、timesofislamabad.com（伊斯兰堡时报）	9. 中巴经济走廊沿线风景	along、CPEC、Pakistan、beauty of Pakistan（美丽的巴基斯坦）
9	dw.com（德国之声）	10. "一带一路"国际合作高峰论坛彰显中国的"统治野心"	Silk Road（丝绸之路）、hegemonic（统治）、ambitions（野心）
5、10	astanatimes.com（阿斯塔纳时报）、kremlin.ru（克里姆林宫）、un.org（联合国）	11. 巴基斯坦总理、哈萨克斯坦总统、俄罗斯总统、联合国秘书长出席"一带一路"国际合作高峰论坛并给予高度评价	important、platform、supportive

可以看出，各国媒体仍旧是议程设置的主力，围绕媒体报道，具有影响力的专家、学者和智库积极发声。与此同时，外国政府通过社交媒体平台直接发声，也取得了良好的传播效果。总体而言，中印关系成为最为重要的议题，围绕中巴经济走廊、克什米尔主权问题、太平洋与印度洋战略平衡，部分印度媒体、网络大 V 和智库联合西方媒体积极设置"印度议程"，制造"中欧决裂""中印对抗"的舆论氛围，也有部分印度用户与媒体表达了对莫迪缺席峰会的不满，并倾向于认为这是莫迪本人缺乏执政能力的表现；而以本次峰会的盛况为核心，或对"一带一路"倡议进行正面宣传的"中国议题"，则仅有第 2、8 两个子群进行讨论；其他子群则围绕与会的他国或国际组织领导人进行讨论。在上述议题之外，美国总统特朗普虽然未能在相关议题上获得较高关注，但他批评"一带一路"被不少印度用户引用并加以传播，称印度是唯一抵抗中国的国家，并为此感到自豪。

值得注意的是，有关"一带一路"国际合作高峰论坛的正面评论主要来自中国媒体，新华社（xhnews）和央视（CCTV +）扮演了重要角色。那么，它们的报道究竟在多大程度上影响了整个传播网络呢？

（三）推特平台上中国媒体在相关话题上的传播效果评估

在推特上的相关话题传播中，新华社与央视是传播中国声音的绝对主力。不论是以点度、粉丝量还是中介中心性计算，新华社都具有相当大的影响力。但正如上文所说，核心节点的影响力被极大地限制在子群内部。换言之，尽管以新华社、央视为核心的子群规模庞大，但作为核心节点的上述媒体对整个传播环境的影响力或许十分有限。

那么，我们究竟该如何评价中国媒体对整个传播网络 N_1 的影响力呢？在传播权力视阈下，"互联网……的使用，促进了社会网络、身份关系和社会运动对全球政治的重新定义……动态网络成为一个可以被分析的基本单位，其中的所有层级（个体、组织），都可以被连贯分析"[①]。因此，影响力的评价对象不仅包括代表个体的"节点"，还应该包括某个在大环境中相对独立的"网络"，即"子群"；而能否尽可能多地触及其他子群，或许才是评价某一行为体是否掌握话语权的关键所在。

为此，我们引入"相连子群数"与"群间连接数"作为评价子群影响力的

---

①　BENNETT W. Communicating global activism. Information communication & society，2003，6（2）：164.

指标。所谓"相连子群数"，指的是与某一子群存在连接的子群有多少个；"群间连接数"指的则是某子群与其他子群的连接共有多少条。这意味着在这两项指标上表现突出的子群，与"外界"有着更多的联系。于是，在 N_2 的基础上，我们从 292 个子群中筛选出存在群间连接的子群共 38 个，并依据上述两项指标对它们进行统计。需要注意的是，它们在序号上并不连贯，例如第 22、31 子群均无群间连接，而其各自相邻的子群却都在列。根据统计结果，我们发现，在前 10 个主要子群中，相连子群数、群间连接数的均值和中值分别为 10.4 和 9.5、73.4 和 7.5，而新华社、央视所在的第 2 子群尽管规模庞大，但其相连子群数、群间连接数分别为 14 和 49，前者与第 4 子群持平，而后者不仅远低于平均值，甚至低于第 16 子群的 55 条群间连接，而该子群内部仅有 119 个节点，是第 2 子群的约 1/7。那么究竟是什么因素导致第 2 子群的影响力与其规模不相匹配？

我们通过对 N_2 进行观察，发现各子群结构呈现出鲜明的图形特征，存在三种主要的结构类型：只有一个指向性中心节点的"一元向心状"；具有两个指向性中心节点且展开的连接关系呈对称形态的"二元对称状"；具有多个指向性中心节点且展开的连接关系呈散射状的"多元散射状"。

为检验 H_1，我们对 292 个子群进行分类编码，由于图形结构明确，两位编码员独立编码的信度为 0.963。而后，我们将实际上为定类的变量子群的结构类型转化为哑变量，与因变量"群间连接数"或"相连子群数"进行回归分析，可发现"群间连接数"或"相连子群数"与子群图形结构均有显著的相关关系（Sig 均小于 0.05），且与"一元向心状"呈显著负相关关系，而与"二元对称状""多元散射状"或呈显著正相关关系。这意味着子群存在一种结构性的状态，而这种结构性的状态与子群的传播效果之间存在一定的相关关系。分析的结果如表 4 所示。简言之，若一个子群呈现"多元散射状"，即内部同时存在多个地位相对重要的中心节点时，便具有了意见和行为主体的相对多样化、互动关系相对更活跃的特征，它与只有单一主体和意见、互动关系简单的"一元向心状"子群相比，更可能产生较多的"群间连接数"以及"相连子群数"，这意味着更好的"跨群"传播效果。

表4　回归分析结果

相关性			
编码员信度	0.963	"一带一路"数据集	
Pearson 相关性	结构类型	相连子群数	群间连接数
	一元向心	−.635	−.524
	二元对称	.380	.200
	多元散射	.503	.571
Sig（单侧）	一元向心	.000	.000
	二元对称	.000	.017
	多元散射	.000	.000
模型汇总与 ANOVA					
模型	R	R方	调整R方	ANOVA F	ANOVA Sig
"一带一路"相连子群数	$.663^a$	.440	.430	42.430	$.000^b$
"一带一路"群间连接数	$.626^a$	.392	.381	34.867	$.000^b$

这一基于"结构"的检验结果与内容分析的结果高度一致。根据图1和表3可知，在前10个主要子群中，以"印度议程"为主要内容的子群，第1、3、4子群呈现多元结构，而第6子群则呈现双元结构；以"中国议程"为主要内容的子群，第2、8子群均呈现出一元结构。在卡斯特尔看来，权力在本质上是一种关系能力，且受制于行为体的结构能力。上述图形结构本质上代表着子群内部的关系形态，所谓"多元"，意味着子群内有更多的意见领袖，意见更多样、沟通更频繁、节点间的联系更为紧密。对于一个子群来说，这样的结构能够孕育出更为活跃的节点，以及更开放的话题，该子群与其他子群产生联系的机会也相应增加，表现出更强的关系能力。可以说，在"一带一路"国际合作高峰论坛的全球社交媒体传播场域中，代表中国发声的新华社能够造成的舆论影响力有限，不及 dailyo. in、Business Standard 等印度媒体。印度媒体的这种优势不仅源自于内容，而且与其子群结构所代表的关系能力高度相关。

（四）高峰论坛与话语权建构

通过上述研究，我们发现首届"一带一路"国际合作高峰论坛的确在推特平台上引发了"全球关注"，关注该议题的用户来自全球五大洲的132个国家和地区，其中，印度、美国、巴基斯坦、加拿大、印度尼西亚、英国、荷兰、肯尼亚及西非地区、马来西亚、澳大利亚、土耳其是相关议题活跃节点最多的国家和地区。这其中不仅有政府、跨国企业、国际媒体等"精英"用户，绝大部分是各个国家的"普通民众"，这意味着峰会的议程设置效果十分明显，对于提升"一带一路"相关议题话语权、实现"民心相通"具有重要价值。

但需要注意的是，这种方式当前也面临着严峻挑战。目前，西方传播主体把控着国际社交媒体传播网络，而像印度、印度尼西亚等新兴经济体，已经融入了这一网络中。经过多年的运营与发展，他们逐渐成为区域传播网络的"中心"。而我国只有少数官方媒体账号可以在国际社交媒体平台中发声，且缺乏与平台中影响力强的账号进行互动，导致我国媒体的传播影响力较弱，对持不同意见的子群影响力也弱，从而很难突破国际社交媒体传播网络中较高的群体壁垒。简言之，尽管通过举办峰会成功设置了议程，但促使舆论关注哪些核心议题的主动权却不在我们手上。比如在首届"一带一路"峰会期间，印度的媒体便通过热炒克什米尔问题，成功将"主权和领土完整"议题纳入"一带一路"倡议的全球议程之中，引发了西方主流媒体的关注。因此，若要将峰会带来的国际关注充分转化为我国构建制度性话语权的源动力，就需要深入把握社交媒体国际传播的网络结构，以更好地提升我国的制度性话语权。具体来说，在国际传播实践中可以进行两个方面的努力：

第一，全面掌握传播结构，准确定位传播节点。在以社交媒体为主要场域的新媒体传播环境中，结构的价值日渐突出，"内容"不再是传播活动的唯一产物，用户的每个行为都会留下"痕迹"。我们应积极借助数据挖掘、数据可视化等大数据相关技术，准确还原舆论场的整体环境、识别关键节点、发现传播路径，并且对传播网络的内部结构特征进行深入分析。按照伯特（R. S. Burt）的观点，当节点之间没有直接关系或关系缺失时，网络就会出现空洞，即所谓的"结构洞"。它们是信息在社会网络中传播的"阀门"，"结构洞"的主体掌握着信息是否、如何折射或流动。[①] 准确掌握传播结构，不仅意味着找准传播的内容、对象、路径和方式，更意味着能够发现需要存在壁垒的子群，以及突破壁垒时必须占领的"结构洞"。

强调传播结构，并不意味着不注重内容。在技术帮助下，对于海量内容的

---

① BURT R S. Structural holes: the social structure of competition. New York: Harvard University Press, 1995.

分析不再仅仅依赖个体的经验和体会，不论是较为简单的词频统计，还是以自然语言处理技术为基础的 LDA 主题模型、情感分析，都能极大提升内容分析的准确程度和效率。这对于判断各子群的主要议题、话语风格和意识形态倾向，都有着至关重要的作用。

第二，强化社交媒体账号互动能力，在互动传播中提升传播力。习近平主席在"一带一路"国际合作高峰论坛演讲中特别说道："国之交在于民相亲，民相亲在于心相通。"民心相通是"一带一路"建设中的重要一环。"普通人"作为民心相通的基础，是中国在提升制度性话语权、推动全球治理的实践中必须关注的关键群体。如何利用全球传播网络，特别是社交媒体来影响"普通人"就成了至关重要的问题。

在社交网络中，"交流"有利于构建节点间的"强联系"，而单向传播，则意味着该网络中缺乏交流，其节点间往往保持"弱联系"。① 当前，我国官方媒体与国际社交媒体中的"普通用户"普遍缺乏互动。以本研究中的数据为例，以新华社为核心节点的子群呈现出鲜明的向心状特征，且该节点的自循环极少，这意味着在其所发布的内容下对参与评论或转发的用户进行回复，基本处于"只发不回"的"高冷"状态。不仅如此，子群内其他节点间的相互转发与回复也并不多见。较之第 1、4 子群，尽管新华社所在子群的用户规模较大、节点众多，但其内部的沟通程度较低、用户主观能动性未被充分调动，客观上降低了该子群与其他子群建构关系的机会，阻碍了潜在影响力的扩张。此外，通过对第 1 子群的议题分析可以看出，其中存在着不少对莫迪政府的批评。这其实是对"一带一路"倡议的有力支持，我国账号如能与其进行积极互动，将极大提升子群间的影响力。总而言之，随着"一带一路"倡议进入新的周期，世界了解中国的渴望将会与日俱增。利用好国际社交媒体与各国普通用户加强沟通，对于打破西方传播主体对国际传播话语权的垄断，撼动印度、日本等国的优势地位，有着极为重要的意义。

五、结语

在信息技术快速发展的今天，国际传播网络的"结构转型"也正在进行

---

① GRANOVETTER M S. The strength of weak ties. American journal of sociology，1973，78（6）：1360 – 1380.

中。而传播网络作为控制各类社会网络间信息流的基本结构，推动了"话语权力"的转型升级，"符号"层面的权力互动已经发生深刻变化，理解"结构"、把握"结构"中的关键位置，是在既有传播网络中提升话语权的关键。按照迈克尔·曼（M. Michael）的理解，社会"由多个重叠和相互作用的社会权力网络构成"①。在全球化背景下的权力场中，传统概念中的"社会"正在发生深刻变化，每种权力网络（经济、文化、政治、技术、军事等）具有各自的时空和组织结构，社会在国家意义上被分割，却在动态网络的互动中被连接在一起。在移动互联网技术出现后，巨大信息流的传播变得极为便利，人类真切地体会到了"网络"的存在，"通过传播者间的信息流在时空中的传递，传播网络得以建构，它是保持接触的基本图式"②，这使得"传播网络"成为重叠、互动的各个社会权力网络的底层架构，或者按照萨森（S. Sassen）的说法，这种复杂的组合既不是全局的，也不是局部的，它为每个社会提供了特定的基础权力结构。③ 透过"传播网络"，权力在个体和社会中构建符号意义和认知框架。在对推特上"一带一路"国际合作高峰论坛相关话题进行分析后，我们发现通过举办高层论坛，提升中国制度性话语权的道路是可行的。但中国媒体要想提升话语权，其关键不仅在于要讲好"中国故事"，还需要主动与"一带一路"传播场域中的关键节点和子群进行优质互动；不仅要把握意义建构的过程，更要在传播"结构"上下功夫。

限于篇幅和主题，我们未能围绕"子群影响力"做更为深入的探索性因子分析。未来，我们将深度挖掘数据结构，例如对子群内节点数、自循环数、节点平均间距、最大节点间距等数据进行 PCA 分析，进一步完善子群影响力的评价体系，不断探索"结构"因素在传播活动中的作用与意义。而在内容研究方面，基于深度学习的 LDA 主题模型分析、语境及表情符号情感分析，将是未来值得探索的重点。

（原载于《新闻大学》2018 年第 5 期）

---

① MICHAEL M. The sources of social power: a history of power from the beginning to AD 1760 (volume 1). Cambridge: Cambridge University Press, 1986.

② MONGE P R, CONTRACTOR N S. Theories of communication networks. Oxford: Oxford University Press, 2003: 3.

③ SASSEN S. Territory, authority, rights: from medieval to global assemblages. Princeton: Princeton University Press, 2006.

后 记

……

　　转眼间，本人到暨南大学工作已经十年了。这十年的研究主要围绕三个关键词展开：新媒体、舆论、风险。因此，本书内容主要分了传播生态、舆情传播、风险治理三个部分。过去十年，传播格局发生了根本性变革。基于移动互联网发展起来的各类新应用平台不断涌现，大数据、云计算等新技术也从时髦的概念讨论中沉潜下来，实实在在地改变着传播实践。本书传播生态部分编选的三篇文章，对其中的一些热点问题做了回应。媒介发展史的经验表明，一种新媒介的出现必然会改变传统的社会结构和权力关系。随着新媒体的发展，意见平台的多样化与舆论主体的多元化必然会改变传统的舆论作用机制，并形成新的传播规律。因此，本书舆情传播部分编选了五篇文章，结合一些热点事件，从多个维度对舆情传播进行了探讨。此外，在风险社会背景下，如何有效应对公共危机事件及其诱发的各类风险危机，已经成为各类组织机构及公众共同关注的焦点问题。而在媒介化社会特点日益突出的现代社会，众多研究者也认识到风险沟通是有效的危机管理的关键环节。再加上近年来随着各类新媒体的快速发展，新传播格局已经在重构公共危机事件的内在机理与外在表征。因此，本书风险治理部分编选了四篇文章，针对新传播环境下公共危机中的风险传播问题，尝试利用新的研究手段，对传统风险传播研究的核心议题进行探讨。不过，因为研究命题的复杂性与个人能力所限，上述研究仍然缺乏系统性和逻辑性的有机整合，有赖诸位方家批评指正！

　　将这些不成熟的研究编辑成册，本来不胜惶恐，所幸有编委会的支持与鼓励。在此，要做出特别的感谢！本书编选的多篇文章属于合著，要感谢合作者的支持。为了进行更有质量的研究，本人近年来也在探索摆脱单打独斗式的研究模式，建立一个现代化的研究团队，本书多篇研究成果背后离不开技术运维团队的默默奉献。此外，还有诸多为本团队研究和本书出版提供帮助的专家，在此一并感谢！

汤景泰

2020 年 10 月